La Crianza con Propósito

Honrando a Dios Padre con su hijo
mientras está
Representando a Dios Padre
a su hijo

Pastor Jeremy Markle

Los Ministerios de
Andando en la PALABRA

Pastor Jeremy Markle
www.walkinginthewordministries.net

La Crianza con Propósito
*Honrando a Dios Padre con su hijo
mientras está representando a Dios Padre a su hijo*

Copyright © 2015 el por Pastor Jeremy Markle.

Reservados todos los derechos.
Prohibida la reproducción total o parcial en cualquier forma, escrita o electrónica, sin la debida autorización del autor.

El texto bíblico ha sido tomado de la versión Reina-Valera © 1960 Sociedades Bíblicas en América Latina;
© renovado 1988 Sociedades Bíblicas Unidas.
Utilizado con permiso.

Reina-Valera 1960® es una marca registrada
de American Bible Society,
y se puede usar solamente bajo licencia.

Publicado por Los Ministerios de Andando en la PALABRA
Walking in the WORD Ministries
www.walkinginthewordministries.net

Impreso en los Estados Unidos.

ISBN: 978-0692651445

Me gustaría dedicar este libro con amor
a mi esposa, Laura,
y a nuestros tres hijos,
Jeremías, Juliana, y Josué.

Indice

Dios el Creador Personal de Su Niño. 9

El Amor de Dios por Su Niño. 23

Honrar a Dios con Su Hijo. 35

Representando a Dios Padre en la Paternidad
    Parte #1 - La Provisión Paternal. 49

Representando a Dios Padre en la Paternidad
    Parte #2 - La Instrucción Paternal. 61

Representando a Dios Padre en la Paternidad
    Parte #3 - La Corrección Paternal. 89

Introducción

Algunas de las palabras más emocionantes compartidas entre el esposo y la esposa son las siguientes "Sí quiero" en el día de la boda cuando la mujer lo mira amorosamente a su marido y le dice: "¡Cariño, tú vas a ser papá, estoy embarazada!" La alegría, la anticipación, y la preparación que comienza en ese día tienen una duración de nueve meses mientras la joven pareja, su familia y amigos hacen compras, pintan habitaciones, y tienen fiestas para que su precioso bebé pueda llegar lo más preparado y protegido posible.

La preparación para la llegada de un nuevo bebé en una pareja cristiana debe ir más allá de lo físico para incluir lo espiritual. Su nuevo bebé se lo está dando Dios, y es un alma que se debe preparar cuidadosamente para la eternidad. Salmos 127:3-5 dice; *"He aquí, herencia de Jehová son los hijos; Cosa de estima el fruto del vientre. Como saetas en mano del valiente, Así son los hijos habidos en la juventud. Bienaventurado el hombre que llenó su aljaba de ellos; No será avergonzado Cuando hablare con los enemigos en la puerta."* Una pareja cristiana debe tomar tiempo al preparar su casa para proteger a su precioso hijo de los peligros de la tentación, del mundo, la carne y el diablo los cuales conducen a la destrucción por el pecado (véase Santiago 1:13-14).

En Jueces 13:3, la madre de Sansón recibió la noticia gozosa de Dios en que *"concebirás y darás a luz un hijo."* Ella compartió la noticia con su marido, Manoa. Inmediatamente después de recibir la noticia de que iban a ser padres, *"Entonces oró Manoa a Jehová, y dijo: Ah, Señor mío, yo te ruego que aquel varón de Dios que enviaste, vuelva ahora a venir a nosotros, y nos enseñe lo que hayamos de hacer con el niño que ha de nacer"* (Jueces 13:8). Manoa tomó en serio su responsabilidad de criar a su hijo de acuerdo a la voluntad de Dios, y quería tomar el tiempo para escuchar al mensajero de Dios exactamente en lo que se esperaba de ellos como padres. *"Y Dios oyó la voz de Manoa; y el ángel de Dios volvió otra vez..."* y Manoa preguntó: *¿cómo debe ser la manera de vivir del niño,* *y qué debemos hacer con él?"* (Jueces 13:9, 12). El ángel entonces dio a Manoa y a su esposa la instrucción específica que necesitaban para criar a su hijo, Sansón, y cumplir la voluntad de Dios en su vida.

Los padres cristianos deben seguir el ejemplo de Manoa y de su mujer al alegrarse en las buenas nuevas de que van a ser padres y por pedirle a Dios Su instrucción en cuanto a cómo deben criar a su hijo para la gloria de Dios. Deben escuchar, aprender, y vivir la Palabra de Dios para que puedan compararse al *"hombre prudente, que edificó su casa sobre la roca. Descendió lluvia, y vinieron ríos, y soplaron vientos, y golpearon contra aquella casa; y no cayó, porque estaba fundada sobre la roca."* (Mateo 7:24-25). Y no es semejante a *"un hombre insensato, que edificó su casa sobre la arena; y descendió lluvia, y vinieron ríos, y soplaron vientos, y dieron con ímpetu contra aquella casa; y cayó, y fue grande su ruina"* (Mateo 7:26-27). Deben permitir que el *"varón de Dios,"* (su pastor y otros líderes espirituales) para *"nosotros [ellos], y nos [les] enseñe lo que hayamos [hayan] de hacer con el niño que ha de nacer"* (Jueces 13:8).

Las seis lecciones siguientes se han escrito para ayudar a los padres jóvenes a prepararse espiritualmente para el gran privilegio que tienen de cuidar y guiar la vida de una de las creaciones preciosas de Dios. Las tres primeras lecciones se centran en que los padres necesitan honrar a Dios con su hijo, mientras que las tres últimas lecciones se centran en que los padres tienen la oportunidad de representar a Dios Padre a su hijo. Estos estudios se han escrito para establecer las bases de la verdad para la crianza Bíblica de los hijos, y luego animar a la pareja para construir su casa en la Palabra de Dios. Y seguir la guía del Espíritu Santo para aplicar prácticamente las verdades bíblicas con cada nueva circunstancia que se encuentren. Dentro de estos estudios de las Escrituras, tendrá la fuente primaria de todo el consejo proporcionado. También habrá oportunidades para los nuevos padres a prácticamente considerar cómo pueden aplicar las lecciones aprendidas a su nueva familia y de que críen a sus hijos para glorificar a su Creador.

Dios
El Creador Personal de Su Niño

Capítulo 1

Dios
El Creador Personal de Su Niño

Dios es el Creador de la Familia Perfecta
Génesis 1:26-27, 4:1

El poder creativo de Dios fue revelado cuando Él, por Su propia voluntad y de acuerdo con su diseño perfecto, *"creó Dios los cielos y la tierra"* (Génesis 1:1). Lo que empezó el primer día de la creación, le terminó el sexto día cuando creó un ambiente perfecto en que el hombre pudiera vivir y prosperar. Después de suministrar cada elemento necesario para la supervivencia del hombre la Biblia dice, *"Entonces dijo Dios: Hagamos al hombre a nuestra imagen, conforme a nuestra semejanza; y señoree en los peces del mar, en las aves de los cielos, en las bestias, en toda la tierra, y en todo animal que se arrastra sobre la tierra. Y creó Dios al hombre a su imagen, a imagen de Dios lo creó; varón y hembra los creó"* (Génesis 1:26-27). Dios creó un mundo perfecto antes de crear al hombre. Y después que creó al hombre, Él lo completó por suministrar una *"ayuda idónea para él... una mujer, y la trajo al hombre"* y así estableció el primer matrimonio (Génesis 2:18, 21-25).

Después de la creación perfecta de un marido y una mujer, Dios compartió Su plan para sus vidas cuando Él los bendijo por decir, *"Fructificad y multiplicaos; llenad la tierra,..."* (Génesis 1:28-30). El diseño de Dios para la familia fue establecido. Él proveyó un mundo perfecto en que el hombre sobreviviera y prosperara. Suministró una relación de matrimonio perfecta en la que él y la mujer pudieran vivir en armonía. Y proveyó el ambiente familiar perfecto dentro del cual los niños podían ser criados y ambos recibir la instrucción y la protección espiritual y física (véase Lucas 2:51-52).

El diseño de Dios para la familia fue presentado el sexto día de la creación y realizado en Génesis 4:1 cuando *"Conoció Adán a su mujer Eva, la cual concibió y dio a luz a Caín, y dijo: Por voluntad de Jehová he adquirido varón.*" En ese día, la relación especial de marido y mujer recibió una nueva responsabilidad y el papel de ellos como padre y madre por la provisión especial de un niño "*de Jehová.*"

Aunque el pecado del hombre ha afectado la creación de Dios enormemente, Su diseño familiar todavía es perfecto y debe ser seguido. Cuando las decisiones han sido hechas o las circunstancias han sido desarrolladas que dificultan el diseño perfecto de Dios, no se debe perder toda la esperanza. Debe haber una dependencia mayor en la gracia y en la Palabra de Dios para la dirección de él en proveer el cuido espiritual y físico que necesita cada niño (Agar e Ismael - Génesis 21:9-21, la viuda y Elías - I Reyes 17:10-24).

☞¿Usted reconoce que la familia bíblica es el diseño perfecto de Dios para la instrucción y protección de su hijo?

☞¿Usted se dedicará en trabajar como marido/padre y esposa/madre para proveer el ambiente familiar bíblico que su niño necesita?

Dios es el Creador Personal de Cada Niño
Génesis 4:1, Jeremías 1:4-5

Cuando Adán y Eva fueron padres, ellos reconocieron que cada niño nuevo que tenían en sus brazos no fue de su creación. Aunque habían participado en el proceso establecido por Dios, aceptaron que su nuevo hijo era "*de Jehová*" (Génesis 4:1). Dios no había cedido Su poder creativo a la humanidad para hacer lo que deseaban. Sino Él mantuvo Su poder creativo y autoridad cuando creó a cada niño específicamente mientras le permite a la humanidad el privilegio de ser parte del proceso. "**He aquí, herencia de Jehová son los hijos; Cosa de estima el fruto del vientre**" (Salmos 127:3).

La Crianza con Propósito
Dios el Creador Personal de Su Niño

Mientras habló al profeta Jeremías, Dios fue muy claro sobre Su participación en la creación de su vida, y Su conocimiento de él antes de que fuera constituido en el vientre de su madre. Jeremías 1:4-5 dice, *"Vino, pues, palabra de Jehová a mí, diciendo: Antes que te formase en el vientre te conocí, y antes que nacieses te santifiqué, te di por profeta a las naciones."* El plan de Dios para cada niño comienza antes de que sus padres escuchen las noticias emocionantes de que están esperando a un bebé.

La participación personal de Dios en el proceso creativo de un bebé no termina después de darle vida a la semilla. Él continúa involucrado específicamente en cada aspecto para la formación y el desarrollo de cada bebé. El Rey David comprendió esta verdad cuando le dijo a Dios, *"Porque tú formaste mis entrañas; Tú me hiciste en el vientre de mi madre. Te alabaré; porque formidables, maravillosas son tus obras; Estoy maravillado, Y mi alma lo sabe muy bien. No fue encubierto de ti mi cuerpo, Bien que en oculto fui formado, Y entretejido en lo más profundo de la tierra. Mi embrión vieron tus ojos, Y en tu libro estaban escritas todas aquellas cosas Que fueron luego formadas, Sin faltar una de ellas. ¡Cuán preciosos me son, oh Dios, tus pensamientos! ¡Cuán grande es la suma de ellos! Si los enumero, se multiplican más que la arena; Despierto, y aún estoy contigo"* (Salmos 139:13-18). El Rey David no creyó en que únicamente Dios participara personalmente en su creación y desarrollo en el vientre de su madre, sino también creyó que estaba personalmente involucrado en su parto y que le protegió mientras se ajustaba al mundo en que nacía. En Salmos 22:9-10, mientras consideraba los muchos peligros y enemigos que lo habían rodeado como hombre, David recordó que Dios lo había cuidado cuando estuvo indefenso como un bebé recién nacido y dijo, *"Pero tú eres el que me sacó del vientre; El que me hizo estar confiado desde que estaba a los pechos de mi madre. Sobre ti fui echado desde antes de nacer; Desde el vientre de mi madre, tú eres mi Dios."*

☞¿Usted cree que Dios ha creado personalmente a su niño como un regalo especial para usted?

☞¿Usted confía en que Dios cuide personalmente a su niño tanto antes como después de su parto?

Dios es el Creador de Cada Una de las Características Propias de cada Niño
Génesis 4:1-2, Salmos 139:16

Dios es muy específico en cómo crea a cada niño con las características específicas que él tiene. Génesis 4:2 ilustra la diversidad de Dios en la creación cuando los primeros dos niños nacidos en el mundo fueron creados con diferentes habilidades y responsabilidades. Aunque Abel y Caín eran hijos de Adán y Eva, *"Abel fue pastor de ovejas, y Caín fue labrador de la tierra."*

El Rey David explica la precisión del plan de Dios para cada niño cuando dijo: *"Mi embrión vieron tus ojos, Y en tu libro estaban escritas todas aquellas cosas Que fueron luego formadas, Sin faltar una de ellas"* (Salmos 139:16). La planificación creativa de Dios para cada niño es tan preciosa que Él escribe los detalles en un libro, y luego cuidadosamente cumple su diseño perfecto en la formación y el proceso del desarrollo. Él no crea ningún niño para que sea igual a otro. Cada niño ha sido especialmente creado para cumplir un propósito especial (véase Juan 9:1-3).

Cuando Moisés dudaba sobre su habilidad física en cumplir el mandato de Dios de hablar ante Faraón, Dios respondió diciendo, *"¿Quién dio la boca al hombre? ¿o quién hizo al mudo y al sordo, al que ve y al ciego? ¿No soy yo Jehová?"* (Éxodo 4:11). El diseño personal de Dios para cada niño incluye sus habilidades e ineptitudes (véase Proverbios 20:12, Romanos 9:20-21). Estas "habilidades" o "inhabilidades" nunca deben ser una causa para dudar sobre la participación personal o el amor de

La Crianza con Propósito
Dios el Creador Personal de Su Niño

Dios. Sino, deben ser reconocidos como Sus preparativos perfectos en ese niño con el propósito de que él/ella pueda lograr Su propósito especial (véase Jeremías 1:4-10). Dios es el amo diseñador, por lo tanto debe recibir la alabanza para y de cada una de sus estupendas creaciones. *"Porque en él fueron creadas todas las cosas, las que hay en los cielos y las que hay en la tierra, visibles e invisibles; sean tronos, sean dominios, sean principados, sean potestades; todo fue creado por medio de él y para él"* (Colosenses 1:16).

☞¿Usted acepta que las habilidades e inhabilidades de su niño son el plan perfecto y cariñoso de Dios para su vida?
☞¿Usted acepta que Dios tiene un propósito específico para la vida de su niño?
☞¿Usted se dedicará a criar a su niño para glorificar a su Creador y cumplir Su propósito para su vida?

Dios como Creador
Merece la Alabanza y la Obediencia de Sus Criaturas
Génesis 4:1-4

Adán y Eva alabaron a Dios por su hijo Caín, diciendo claramente que era *"de Jehová"* (Génesis 4:1). Aparece que ellos también enseñaron a sus hijos, Caín y Abel, la importancia de adorar a Dios por ambos las palabras articuladas y los ejemplos físicos, *"Y aconteció andando el tiempo, que Caín trajo del fruto de la tierra una ofrenda a Jehová. Y Abel trajo también de los primogénitos de sus ovejas, de lo más gordo de ellas. Y miró Jehová con agrado a Abel y a su ofrenda"* (Génesis 4:3-4). Abel decidió obedecer a Dios con su sacrificio, mientras que Caín decidió desobedecerlo incluso cuando fue advertido personalmente por Dios de hacer las decisiones correctas.

La participación personal de Dios en cada embarazo debe causar una gratitud y acción de gracias por los padres. Porque

La Crianza con Propósito
Dios el Creador Personal de Su Niño

Dios es Él que abre y cierra el vientre (véase Génesis 29:31, 30:1-2, 22-23), cada padre debe aceptar a su niño como *"herencia de Jehová"* (Salmos 127:3). Cuando cada padre disfruta a su nuevo bebé, debe decir como Sara, *"Dios me ha hecho reír"* (Génesis 21:6). Y debe ofrecer la acción de gracias como Ana cuando nombró a su hijo *"Samuel, diciendo: Por cuanto lo pedí a Jehová"* (I Samuel 1:20).

Cada niño debe saber que es personalmente y especialmente creado por Dios para que pueda decir como el Rey David, *"Te alabaré; porque formidables, maravillosas son tus obras; Estoy maravillado, Y mi alma lo sabe muy bien"* (Salmos 139:14). Y cada niño debe ser enseñado por sus padres a alabar y obedecer a Dios como su Creador, tal como el Rey Salomón dijo a su hijo *"Acuérdate de tu Creador en los días de tu juventud... El fin de todo el discurso oído es este: Teme a Dios, y guarda sus mandamientos; porque esto es el todo del hombre. Porque Dios traerá toda obra a juicio, juntamente con toda cosa encubierta, sea buena o sea mala"* (Eclesiastés 12:1, 13-14, véase también Efesios 6:3-4).

☞ ¿Usted le está dando acción de gracias y alabanza a Dios por el niño que Él ha elegido específicamente para usted?

☞ ¿Usted está comprometido en enseñar a su niño de alabar y obedecer a su Creador?

Dios como Creador
Retiene la Autoridad sobre Su Creación
Génesis 4:1-15

Después de los sacrificios de Abel y Caín, *"... miró Jehová con agrado a Abel y a su ofrenda; pero no miró con agrado a Caín y a la ofrenda suya ..."* (Génesis 4:4-5). Dios, le había dado dos hijos a Adán y Eva, conservó y exhibió Su autoridad sobre los niños cuando recibió la ofrenda de Abel pero rechazó la de Caín.

La Crianza con Propósito
Dios el Creador Personal de Su Niño

La autoridad de Dios sobre los hijos del hombre continuó en ser revelada cuando Dios enfrentó a Caín sobre su mala actitud al preguntar, "*¿Por qué te has ensañado, y por qué ha decaído tu semblante?*" (Génesis 4:6). Luego le advirtió por decir, "*Si bien hicieres, ¿no serás enaltecido? y si no hicieres bien, el pecado está a la puerta; con todo esto, a ti será su deseo, y tú te enseñorearás de él*" (Génesis 4:7). La autoridad de Dios fue otra vez expresada cuando castigó a Caín por asesinar a Abel y dijo, "*Ahora, pues, maldito seas tú de la tierra, que abrió su boca para recibir de tu mano la sangre de tu hermano. Cuando labres la tierra, no te volverá a dar su fuerza; errante y extranjero serás en la tierra...*" (Génesis 4:11-12). Y finalmente, Dios reveló Su autoridad sobre toda la humanidad cuando le prometió a Caín "*... Ciertamente cualquiera que matare a Caín, siete veces será castigado*" (Génesis 4:15). La autoridad de Dios no terminó con Adán y Eva, sino continuó con sus hijos y se extiende a toda su descendencia durante todo el tiempo (véase Apocalipsis 20:11-14).

Después que el Rey David le dijo a Dios "*Te alabaré; porque formidables, maravillosas son tus obras;*" él dijo, "*Examíname, oh Dios, y conoce mi corazón; Pruébame y conoce mis pensamientos; Y ve si hay en mí camino de perversidad, Y guíame en el camino eterno*" (Salmos 139:14, 23-24). El Rey David comprendió que porque Dios era su Creador, Él también tenía el derecho de investigar su vida y en guiarlo de acuerdo a su voluntad. Obedecer al Creador debe ser una decisión natural y obvia para cada criatura. Pero como el pecado entró al mundo a través de Adán y Eva, cada persona tiene que hacer su decisión personal para seguir a Dios o seguir el ejemplo rebelde de Adán y Eva en su desobediencia. Desgraciadamente, el resultado de escoger el pecado en lugar de la obediencia a Dios es la muerte. Romanos 6:23 dice, "*Porque la paga del pecado es muerte...*" La desobediencia a la autoridad de Dios como Creador es devastadora. Por esta razón, el Rey Salomón, después de tratar de encontrar el propósito de la vida a través de las ideas y los esfuerzos del hombre, dijo, "*El fin de todo el discurso oído es este: Teme a Dios, y guarda sus mandamientos; porque esto es el todo del hombre. Porque Dios traerá toda obra a juicio, juntamente con toda cosa encubierta, sea buena o sea mala*" (Eclesiastés 12:13-14).

☞ ¿Usted acepta la autoridad de Dios sobre la vida de su hijo?
☞ ¿Usted enseñará a su niño que respete y obedezca a Dios y las otras autoridades que Él le provee?

Dios, como Creador
Desea una Relación Personal con Su Creación
Génesis 3:8, Juan 1:12-14

El propósito de Dios al crear la humanidad fue para que pudieran disfrutar una relación personal como Creador y criatura. Por esta razón, Adán y Eva, "*oyeron la voz de Jehová Dios que se paseaba en el huerto, al aire del día...*" (Génesis 3:8). Pero como Adán y Eva habían pecado comiendo la fruta que Dios les había mandado que no debían comer, su relación fue cortada y ellos "*... se escondieron de la presencia de Jehová Dios entre los árboles del huerto*" (Génesis 3:8). La primera parte de Romanos 5:19 explica los efectos continuos del pecado de Adán y Eva cuando dice, "*Porque así como por la desobediencia de un hombre los muchos fueron constituidos pecadores...*" Debido a ese primer pecado, la relación de la humanidad con Dios se rompió. Pero Dios, en Su amor, decidió proveer una manera para restituir la relación. Romanos 5:19 termina diciendo, "*... así también por la obediencia de uno, los muchos serán constituidos justos.*" El "Uno" que fue obediente con el propósito de que pudiera hacer a muchos justos nos es revelado de ser Jesucristo en versículo 21 que dice "*para que así como el pecado reinó para muerte, así también la gracia reine por la justicia para vida eterna mediante Jesucristo, Señor nuestro.*"

La Crianza con Propósito
Dios el Creador Personal de Su Niño

Dios todavía desea una relación personal con cada persona a quien Él crea. Su amor interminable está disponible al mundo entero a través de Jesucristo (I Juan 2:1-2). Juan 3:16 explica el amor de Dios por decir, "*Porque de tal manera amó Dios al mundo, que ha dado a su Hijo unigénito, para que todo aquel que en él cree, no se pierda, mas tenga vida eterna.*" Aunque cada persona es una creación preciosa de Dios, personalmente tiene que decidir si restituye su relación con Él por creer en la muerte, el entierro, y la resurrección de Jesucristo como el único pago por su pecado (I Corintios 15:1-4). Después de la fe en Jesucristo, Dios promete a cada persona que restituirá Su relación con ellos y que será su Padre Celestial. Promete que "*... a todos los que le recibieron, a los que creen en su nombre, les dio potestad de ser hechos hijos de Dios; los cuales no son engendrados de sangre, ni de voluntad de carne, ni de voluntad de varón, sino de Dios*" (Juan 1:12-13, véase también Efesios 2:12-20, Colosenses 1:20).

☞ ¿Usted le enseñará a su niño para que comprenda que su pecado lo separa de Dios?
☞ ¿Usted le enseñará a su niño que Dios lo ama y que envió a Su Hijo, Jesucristo, para demostrar Su amor y pagar por su pecado?
☞ ¿Usted guiará a su niño para comprender cómo puede recibir el perdón por sus pecados y restituir su relación con Dios el Padre por la fe en la obra terminada de Jesucristo?

La crianza de los hijos es uno de los obsequios más preciosos de Dios. Y con este gran privilegio, hay gran responsabilidad. Cada padre debe reconocer que su niño le pertenece a Dios y por lo tanto deben criarlo según la voluntad de su Creador. Deben estar dispuestos a buscar la instrucción de Dios a través de Su Palabra para ambos en su vida personal y paternal. Luego se deben dedicar a poner en práctica lo que aprenda con el propósito de que su niño tenga un ejemplo piadoso de Dios, y una herencia de bendiciones a través de la misma.

La Crianza con Propósito
Dios el Creador Personal de Su Niño

Salmos 127:1-5

*Si Jehová no edificare la casa,
En vano trabajan los que la edifican;
Si Jehová no guardare la ciudad, En vano vela la guardia.
Por demás es que os levantéis de madrugada,
y vayáis tarde a reposar,
Y que comáis pan de dolores;
Pues que a su amado dará Dios el sueño.
He aquí, herencia de Jehová son los hijos;
Cosa de estima el fruto del vientre.
Como saetas en mano del valiente,
Así son los hijos habidos en la juventud.
Bienaventurado el hombre que llenó su aljaba de ellos;
No será avergonzado
Cuando hablare con los enemigos en la puerta.*

La Crianza con Propósito
Dios el Creador Personal de Su Niño

Preparación para una Familia Cristiana

1. ¿Quién es el creador de su hijo/a? _____

2. ¿Cuán específico es Dios sobre la creación y el desarrollo de su hijo/a? _____

3. ¿Cuáles son algunas maneras sencillas que puede implementar para enseñarla a su hijo/a sobre su creador?
    a. _____
    b. _____
    c. _____

4. ¿Cuáles son algunas maneras en que puede depender de Dios para el desarrollo y las características físicas de su hijo?
    a. _____
    b. _____
    c. _____

5. ¿Cuál es su meta espiritual para su hijo/a? _____

6. ¿Cuáles son algunas maneras prácticas que puede ayudar a su hijo realizar su meta espiritual par su vida?
    a. _____
    b. _____
    c. _____

El Amor de Dios por Su Niño

Capítulo 2

El Amor de Dios por Su Niño
Mateo 18:1-14

Dios se Da Cuenta de los Niños y los Recibe

En Mateo 18:1 Jesús estaba con sus discípulos y ellos empezaron a preguntarle sobre el cielo y quién era el mayor en el Reino de Dios. Como parte de Su respuesta a la pregunta, *"llamando Jesús a un niño, lo puso en medio de ellos"* (Mateo 18:2). Aunque Jesús estaba teniendo una conversación adulta sobre un tema serio, Se dio cuenta de que había niños alrededor de Él. No ignoraba a esos niños. Tampoco estaba molesto por la presencia de ellos. Más bien, amablemente Él llamó a un niño hasta sí mismo, *"Y tomó a un niño, y lo puso en medio de ellos; y tomándole en sus brazos, les dijo..."* (Marcos 9:36). Entonces Él les dijo, *"De cierto os digo, que si no os volvéis y os hacéis como niños, no entraréis en el reino de los cielos. Así que, cualquiera que se humille como este niño, ése es el mayor en el reino de los cielos. Y cualquiera que reciba en mi nombre a un niño como este, a mí me recibe. Y cualquiera que haga tropezar a alguno de estos pequeños que creen en mí, mejor le fuera que se le colgase al cuello una piedra de molino de asno, y que se le hundiese en lo profundo del mar."* (Mateo 18:3-6).

Jesucristo nunca estuvo demasiado ocupado para no tomar en cuenta a los niños. Mateo 19:13-15 muestra Su amor para los niños cuando nos dice: *"Entonces le fueron presentados unos niños, para que pusiese las manos sobre ellos, y orase; y los discípulos les reprendieron. Pero Jesús dijo: Dejad a los niños venir a mí, y no se lo impidáis; porque de los tales es el reino de los cielos. Y habiendo puesto sobre ellos las manos, se fue de allí."* Marcos 10:16 concluye la misma historia al decir, *"Y tomándolos en los brazos, poniendo las manos sobre ellos, los bendecía."* Jesús no menospreció a los niños, ni pensó que estaba perdiendo Su precioso tiempo. Él los recibió, los llevó a sus brazos, los tocó, y los bendijo.

Con las muchas responsabilidades importantes que tienen los padres es fácil sentirse frustrados con la presencia, el ruido y el trabajo extra que un niño presenta. Pero los padres cristianos deben seguir el ejemplo de Jesús al incluir amablemente a su hijo en sus vidas por tomar tiempo de su apretada agenda y mostrar un interés personal en la vida de éste.

☞¿Está usted comprometido en sacrificar su "tiempo de los adultos" para expresar un interés en su hijo incluso cuando tenga muchas otras responsabilidades "importantes?"

☞¿Está usted comprometido para expresar en privado y en público su amor a su hijo por recibirlo, tomarlo en sus brazos y bendecirlo?

Dios Ve Valor Espiritual en los Niños
Mateo 18:1-2, 4, 13

Cuando Jesús comenzó a enseñarle a sus discípulos acerca de "*mayor*" en el Reino de los cielos, Él puso delante de ellos a un niño pequeño (Mateo 18:1-2). A continuación, les instruyó específicamente a mirar el ejemplo de ese niño para que pudieran llegar a ser grandes en el Reino de Dios. Primero Él "*dijo: De cierto os digo, que si no os volvéis y os hacéis como niños , no entraréis en el reino de los cielos*" (Mateo 18:3). Jesús fue muy claro, tanto por medio de Su ejemplo y Sus palabras, de que los adultos tienen que ser como niños para que puedan entrar en el Reino de Dios. Luego aclara su enseñanza presentada específicamente de cuáles son los atributos de los niños que son tan valiosos por decir, "*Así que, cualquiera que se humille como este niño, ése es el mayor en el reino de los cielos* (Mateo 18:4). Como la humildad del niño pequeño que permite a sus padres proveer para sus necesidades y dirigir todos los eventos en su vida, es la misma humildad que un adulto necesita tener para que sea de gran valor a los ojos de Dios. Marcos 10:15 ofrece una visión más clara de la grandeza de los niños a Dios diciendo, *"**De cierto os digo, que el que no reciba el reino de Dios como un niño, no entrará en él.**"*

Los niños nacen con una dependencia natural de los que les rodean. Son incapaces de vivir por sí mismos, y por lo tanto comunican sus necesidades y esperan la ayuda. Ellos simplemente creen o tienen fe en las disposiciones que se proporcionan y las personas que están alrededor de ellos para su protección. Esta misma fe debe ser encontrada en un adulto, para que pueda tener un lugar de honor o valor en el Reino de Dios.

Jesús no quería que sus discípulos disminuyeran el valor de los niños. Así que en presencia de ellos elevó la posición de un niño, y lo puso como un ejemplo espiritual para ellos. Él también les dio un orden y la advertencia específica en Mateo 18:10 diciendo: *"**Mirad que no menospreciéis a uno de estos pequeños; porque os digo que sus ángeles en los cielos ven siempre el rostro de mi Padre que está en los cielos.**"* El valor de un niño nunca deber ser cuestionado ni socavado. Cada niño es de tanto valor que Dios tiene ángeles especiales designados para representarlos continuamente ante Él en el cielo (Mateo 18:10).

La humildad y la fe de un niño pequeño fueron creados por Dios para que se acepte el cuidado que requiere. Sin embargo, la naturaleza del pecado del niño crece muy rápidamente mientras él también crece y comienza a ser autosuficiente. Aun así, ese niño es valeroso para Dios pero debe ser enseñado de cómo mantener un espíritu humilde y un corazón lleno de fe con lo cual dependerá de Dios para su vida diaria y su destino eterno, y pueda disfrutar la oportunidad de entrar en el Reino de los cielos. Los padres cristianos deben recordar el valor de su hijo y ayudarle a crecer con humildad y la fe en Dios a través de su ejemplo piadoso y enseñanza bíblica.

☞ ¿Usted acepta el valor extremo de su hijo a los ojos de Dios?

La Crianza con Propósito
El Amor de Dios por Su Niño

☞¿Está usted comprometido en entrenar a su hijo a tener la humildad y la fe en Dios, para que pueda disfrutar la seguridad de una relación personal con Él por toda la eternidad?

Dios Protege a los Niños
Mateo 18:5-7

Dios está preocupado con como los niños son influenciados y tratados por otros. Jesucristo proveyó verdades simples para ayudar a motivar a cada persona para tomar decisiones sabias acerca de los niños. Para empezar Él dijo, "*Y cualquiera que reciba en mi nombre a un niño como este, a mí me recibe*" (Mateo 18:5). Jesús hace una conexión específica del cuidado y la bondad de una persona por los niños y del cuidado y bondad para Él mismo. En esencia dijo, si usted Me trata amablemente, debe tratar a los niños con amabilidad también. Él prometió que si usted trata a los niños amablemente, lo aceptará y bendecirá como si estuviera siendo amable con Él. Marcos 9:37 va más allá al decir, "*El que reciba en mi nombre a un niño como este, me recibe a mí; y el que a mí me recibe, no me recibe a mí sino al que me envió.*" La enseñanza de Jesús es clara. Un servicio a los niños es un servicio directo a Él, que a su vez es el servicio directo a Dios el Padre. Por lo tanto, la atención adecuada de los padres para con sus hijos, si lo hace por Dios, está reconocida por Él y recibe una recompensa de Él.

Jesús continuó Su enseñanza sobre el trato correcto a los niños, proporcionando una advertencia fuerte. Él dijo, "*Y cualquiera que haga tropezar a alguno de estos pequeños que creen en mí, mejor le fuera que se le colgase al cuello una piedra de molino de asno, y que se le hundiese en lo profundo del mar*" (Mateo 18:6). Aunque existe una gran bendición para aquellos que reciben correctamente a los niños en el nombre de Jesús, también hay una gran maldición para aquellos que traen ofensa o daño a un niño. Jesús desea proteger a los niños de la destrucción espiritual. Por lo tanto, si un individuo influye erróneamente en un niño y hace que ese niño espiritualmente tropiece, Jesús dijo que mejor sería para esa persona experimentar una muerte horrible al ser empujado hasta el fondo del mar y ahogarse. Jesús dijo, "*¡Ay del mundo por los tropiezos! porque es necesario que vengan tropiezos, pero ¡ay de aquel hombre por quien viene el tropiezo!*" (Mateo 18:7). Jesús continuó explicando la gravedad de ofender a un niño diciendo que sería mejor que perdiera miembro de su propio cuerpo en vez de permitir que el miembro peque contra un niño y se enfrente al castigo de Dios (véase Marcos 9:42-47).

Jesús concluye Su advertencia acerca de maltratar a los niños diciendo, "*Mirad que no menospreciéis a uno de estos pequeños; porque os digo que sus ángeles en los cielos ven siempre el rostro de mi Padre que está en los cielos*" (Mateo 18:10). Él espera que cada persona tome una pausa y considere la forma en que trata a los niños, porque Dios está siempre consciente de lo que sucede en la vida de cada niño.

Los padres cristianos deben considerar cuidadosamente la bendición y la maldición que recibirán en base a la forma en que tratan a su hijo. Deben reconocer la gran responsabilidad que Dios les ha dado a ellos y cumplirla por cuidar, proteger e instruir a su hijo de tal manera que él nunca sufra daño físico ni espiritual.

☞ ¿Está comprometido en tratar a su hijo de tal manera que Dios lo a pruebe?

☞ ¿Está usted comprometido en tomar cualquier medida posible para proteger a su hijo de las personas o cosas que puedan perjudicarlo?

La Crianza con Propósito
El Amor de Dios por Su Niño

Dios Tiene Ángeles Representantes en Favor de los Niños Delante de Él
Mateo 18:10

En la advertencia de Jesús acerca de maltratar a los niños, Él reveló parte de su programa de protección sobrenatural para los niños. En Mateo 18:10 Él dijo, *"Mirad que no menospreciéis a uno de estos pequeños; porque os digo que sus ángeles en los cielos ven siempre el rostro de mi Padre que está en los cielos."* Aquí Jesús está explicando que hay ángeles específicamente designados para actuar como representantes de los niños delante de Dios el Padre. La preocupación de Dios Padre para cada niño no es superficial. Él está muy dedicado en Su amor por cada niño, y toma medidas específicas para tener sus necesidades representadas continuamente delante de Él y poder hacer provisión para ellos.

Los padres cristianos deben unirse con los ángeles que están delante del trono de Dios por presentar las necesidades de su hijo de *"el trono de la gracia, para [ellos] para alcanzar misericordia y hallar gracia para el oportuno socorro"* a través de la oración (Hebreos 4:16). Deben seguir el ejemplo de Job de traer a sus hijos delante de Dios como él *"enviaba y los santificaba, y se levantaba de mañana y ofrecía holocaustos conforme al número de todos ellos. Porque decía Job: Quizá habrán pecado mis hijos, y habrán blasfemado contra Dios en sus corazones. De esta manera hacía todos los días"* (Job 1:5). Los padres cristianos deben orar continuamente por las necesidades espirituales y físicas de sus hijos.

☞ ¿Confía usted en Dios por la seguridad de su hijo?
☞ ¿Está usted comprometido en orar a Dios con frecuencia por su hijo?

La Crianza con Propósito
El Amor de Dios por Su Niño

Dios Envió a Su Hijo, Jesucristo para Salvar a los Niños
Mateo 18:11, 14

Juan 3:16 dice, "*Porque de tal manera amó Dios al mundo, que ha dado a su Hijo unigénito, para que todo aquel que en él cree, no se pierda, mas tenga vida eterna.*" El amor de Dios para el mundo entero se expresó a través del sacrificio de Jesucristo por el pecado del hombre. II Pedro 3:9 es muy clara, Dios "*... es paciente para con nosotros, no queriendo que ninguno perezca, sino que todos procedan al arrepentimiento.*" Este mismo amor incluye a los niños. Por eso Jesús dijo, "*Porque el Hijo del Hombre ha venido para salvar lo que se había perdido*" (Mateo 18:11). El "*perdido*" a lo que Jesús se refiere se hace claro en los siguientes versículos como Él lo continuó con "*Así, no es la voluntad de vuestro Padre que está en los cielos, que se pierda uno de estos pequeños*" (Mateo 18:14). Jesús no desea que ni un niño "*se pierda,*" sino que cada uno sea salvado de su pecado para que disfrute la vida eterna con Dios en el Cielo.

Durante la enseñanza de Jesús acerca del deseo de Dios Padre para que los niños sean salvos, Él presentó la famosa parábola de la Oveja Perdida. Jesús dijo, "*¿Qué os parece? Si un hombre tiene cien ovejas, y se descarría una de ellas, ¿no deja las noventa y nueve y va por los montes a buscar la que se había descarriado? Y si acontece que la encuentra, de cierto os digo que se regocija más por aquélla, que por las noventa y nueve que no se descarriaron. Así, no es la voluntad de vuestro Padre que está en los cielos, que se pierda uno de estos pequeños*" (Mateo 18:12-14). En esta parábola, Jesús usó una ovejita de representar a los niños pequeños, y usó al pastor para representar a Dios el Padre, que no deja de lado a una oveja porque ya él tiene las otras noventa y nueve. Sino, más bien, busca cuidadosamente esa oveja perdida y se regocija cuando es descubierta. Dios Padre no desea que cualquier niño se pierda espiritualmente, sino que los busca a ellos a través de Jesucristo y se regocija cuando ellos son salvos por la fe únicamente en Su obra completa de la cruz (véase Juan 3:18-21, Juan 2:02, 4:10).

Dios ha hecho Su mensaje de la salvación tan simple para que los niños puedan entender tanto su necesidad y Su provisión. Jesucristo, mientras reprendía a los adultos dijo, *"Te alabo, Padre, Señor del cielo y de la tierra, porque escondiste estas cosas de los sabios y de los entendidos, y las revelaste a los niños"* (Mateo 11:25). Jesús nos aseguró que los niños, a quienes se les enseña el mensaje de Dios, lo puedan entender y aceptar personalmente por fe. El apóstol Pablo, al tiempo de amonestar a Timoteo de permanecer fiel a Dios como un adulto joven, dijo, *"Pero persiste tú en lo que has aprendido y te persuadiste, sabiendo de quién has aprendido; y que desde la niñez has sabido las Sagradas Escrituras, las cuales te pueden hacer sabio para la salvación por la fe que es en Cristo Jesús"* (II Timoteo 3:14-15). Timoteo fue enseñado por su madre y su abuela acerca de Dios porque le enseñaron las Escrituras. La enseñanza que le presentaron lo llevó al punto de creer en Jesucristo como su Salvador personal y luego vivir una vida cristiana que *"... daban buen testimonio de él los hermanos que estaban en Listra y en Iconio"* (Hechos 16:2).

Los padres cristianos pueden regocijarse en el amor y la provisión de la salvación de Dios por su hijo. Ellos deben estar seguros de que el amor de Dios que salva puede extenderse a su hijo para que pueda tener garantizada la vida eterna en el cielo. Pero deben comprender su responsabilidad en enseñar a su hijo las Escrituras lo más temprano posible para que pueda creer en Jesucristo y tener el *"... potestad de ser hechos hijos [hijo] de Dios"* (Juan 1:12).

☞ ¿Está comprometido en enseñarle a su hijo las Escrituras y lo ayudará a entender la salvación de Dios a través de Jesucristo?

La Crianza con Propósito
El Amor de Dios por Su Niño

Preparación para una Familia Cristiana

1. ¿Cuáles son algunas maneras en que puede mostrarle a su hijo de que él es valioso para usted?
    a. _____
    b. _____
    c. _____

2. ¿Cuáles son algunas maneras por las que usted puede ayudar a su niño a que aprenda en que es valioso para Dios Padre?
    a. _____
    b. _____
    c. _____
    d. _____

3. ¿Cuáles son algunas maneras en que puede proteger a su hijo de los peligros físicas?
    a. _____
    b. _____
    c. _____
    d. _____

4. ¿Cuáles son algunas maneras en que puede proteger a su hijo de los peligros espirituales?
    a. _____
    b. _____
    c. _____
    d. _____

La Crianza con Propósito
El Amor de Dios por Su Niño

5. ¿Cuáles son algunas de las peticiones básicas en la de oración por las que puede orar por su hijo?
    a. _____
    b. _____
    c. _____
    d. _____

6. ¿Cómo Dios muestra su amor por su hijo? _____
   _____
   ¿Qué tiene que hacer su hijo para recibir el amor de Dios Padre? _____

Honrar a Dios con Su Hijo

Capítulo 3

Honrar a Dios con Su Hijo

Después del nacimiento de Jesús, María y José seguían la enseñanza del Antiguo Testamento *"para presentarle al Señor"* (Lucas 2:22-24, véase también Éxodo 13:1-2, Números 3:13, 8:16). Mediante el cumplimiento de este mandato, los padres de Jesús demostraron públicamente su dedicación a criarlo en el honor de y la obediencia a Dios Padre. Este mismo nivel de dedicación y compromiso público debe mostrarse por los padres cristianos con los hijos que Dios puso a su cuidado.

Honrar a Dios con su Hijo Requiere Dar Su Hijo a Dios
I Samuel 1:1-28

El deseo de **Ana** para tener un hijo la llevó a suplicarle a Dios por la oración durante su tiempo de adoración en Silo (I Samuel 1:1-19). I Samuel 1:10-11 dice: *"ella con amargura de alma oró a Jehová, y lloró abundantemente. E hizo voto, diciendo: Jehová de los ejércitos, si te dignares mirar a la aflicción de tu sierva, y te acordares de mí, y no te olvidares de tu sierva, sino que dieres a tu sierva un hijo varón, yo lo dedicaré a Jehová todos los días de su vida, y no pasará navaja sobre su cabeza."*

Después de su oración, ella tuvo promesa que tendría un hijo de Dios a través de Elí, el sumo sacerdote (véase I Samuel 1:14-18). Cuando ella dio a luz a su hijo, *"y le puso por nombre Samuel, diciendo: Por cuanto lo pedí a Jehová."* (I Samuel 1:20). Después del nacimiento de Samuel, Ana no viajaba a Silo con su marido hasta que el hijo fuese destetado (véase I Samuel 1:21- 22). Pero después del destete de Samuel, ella *"... lo llevó consigo, con tres becerros, un efa de harina, y una vasija de vino, y lo trajo a la casa de Jehová en Silo; y el niño era pequeño"* (I Samuel 1:24). En la primera visita de Samuel en

La Crianza con Propósito
Honrar a Dios con Su Hijo

Silo, Ana sacrificó una ofrenda a Dios y presentó su hijo a Elí. "*Y ella dijo: ¡Oh, señor mío! Vive tu alma, señor mío, yo soy aquella mujer que estuvo aquí junto a ti orando a Jehová. Por este niño oraba, y Jehová me dio lo que le pedí. Yo, pues, lo dedico también a Jehová; todos los días que viva, será de Jehová. Y adoró allí a Jehová*" (I Samuel 1:26-28). Ana reconoció que su hijo era un regalo de Dios como una respuesta a su oración. Ella también aceptó que necesitaba darlo a Dios para que le sirviera con su vida. Ella, sin una promesa de otro hijo, estaba dispuesta a dejar a su único hijo en el templo de Silo, al cuidado de Elí, para que pudiera cumplir la voluntad de Dios para su vida de servicio en el templo.

    Los padres cristianos deben seguir el ejemplo de Ana de encomendar a Dios a su precioso hijo para que este pueda cumplir la voluntad de Dios para su vida. La idea de "dedicar" un niño a Su Creador es lógico pero las consecuencias desconocidas dan miedo y a menudo tienta a los padres en tratar de aferrarse a su hijo lo más posible en vez de renunciar el por el perfecto de Dios. Cada padre cristiano debe recordar que Dios es todo amor y toda sabiduría y que Él nunca dejará a su hijo. Deben dedicarse a preparar a su hijo a obedecer siempre la voluntad de Dios y luego, por la fe, hacer una decisión personal de prestarlo a Él para cualquier servicio que haya planificado para su vida.

☞ ¿Va a tomar el tiempo que tiene con su hijo para enseñarle la importancia de obedecer siempre a Dios?

☞ ¿Está usted dispuesto a darle su hijo a Dios para cualquier servicio que haya planificado para él?

Honrar a Dios con su Hijo
Requiere Amar a Dios Más que Amar a su Hijo
Génesis 22:1-18

Dios le había prometido a Abraham que sus descendientes se convertirían en un gran pueblo (véase Géneses17:1-22). Pero Abraham no tenía un hijo legítimo hasta que Dios permitió que Sara milagrosamente diera a luz a Isaac cuando tenía 90 años y él tenía 100 años (véase Génesis 17:17, 21:1-7). Pocos años después de la feliz ocasión Abraham recibió un mandato de Dios. *"Y dijo: Toma ahora tu hijo, tu único, Isaac, a quien amas, y vete a tierra de Moriah, y ofrécelo allí en holocausto sobre uno de los montes que yo te diré"* (Génesis 22:2). Abraham, en obediencia al mandato de Dios: *"... se levantó muy de mañana, y enalbardó su asno, y tomó consigo dos siervos suyos, y a Isaac su hijo; y cortó leña para el holocausto, y se levantó, y fue al lugar que Dios le dijo"* (Génesis 22:3).

Durante tres días del viaje de Abraham con Isaac al lugar que Dios le había mandado a sacrificar, él le excluyó a su hijo con sus responsabilidades de ayuda. Génesis 22:6 dice: *"Y tomó Abraham la leña del holocausto, y la puso sobre Isaac su hijo, y él tomó en su mano el fuego y el cuchillo; y fueron ambos juntos."* Isaac, entendiendo el proceso de sacrificar a Dios y viendo que el "sacrificio" a realizar no parecía ser, hizo una pregunta lógica a Abraham. *"Entonces habló Isaac a Abraham su padre, y dijo: Padre mío. Y él respondió: Heme aquí, mi hijo. Y él dijo: He aquí el fuego y la leña; mas ¿dónde está el cordero para el holocausto?"* (Génesis 22:7). De una manera tranquilizadora, Abraham respondió a la pregunta de Isaac, diciendo, *"Dios se proveerá de cordero para el holocausto, hijo mío. E iban juntos"* (Génesis 22:8). Abraham sabía lo que Dios le había mandado hacer, y estaba confiándose en Dios para el resultado. En esta ocasión difícil y con una pregunta tan difícil, Abraham tuvo la oportunidad especial con su hijo para compartir su fe en Dios y para que Isaac pudiera obedecerle a Él con la misma fe en el futuro.

Cuando Abraham llegó a su destino, "*... edificó allí Abraham un altar, y compuso la leña, y ató a Isaac su hijo, y lo puso en el altar sobre la leña. Y extendió Abraham su mano y tomó el cuchillo para degollar a su hijo* (Génesis 22:9-10). Él estaba mostrando su voluntad de obedecer a Dios a cualquier costo, incluso al costo de la vida de su hijo. Pero el deseo de Dios nunca fue que Abraham realmente matara a Isaac. Él simplemente quería ver si Abraham amaba más a su hijo que a Él. "*Entonces el ángel de Jehová le dio voces desde el cielo, y dijo: Abraham, Abraham. Y él respondió: Heme aquí. Y dijo: No extiendas tu mano sobre el muchacho, ni le hagas nada; porque ya conozco que temes a Dios, por cuanto no me rehusaste tu hijo, tu único*" (Génesis 22:11-12).

Abraham tomó la decisión más difícil pero correcta de confiarse en Dios con la vida de su hijo y obedecerlo aun cuando no entendía el aparente resultado (véase Hebreos 11:17-19). Por su obediencia fiel, Dios le dijo a Abraham, "*Por mí mismo he jurado, dice Jehová, que por cuanto has hecho esto, y no me has rehusado tu hijo, tu único hijo; de cierto te bendeciré, y multiplicaré tu descendencia como las estrellas del cielo y como la arena que está a la orilla del mar; y tu descendencia poseerá las puertas de sus enemigos. En tu simiente serán benditas todas las naciones de la tierra, por cuanto obedeciste a mi voz*" (Génesis 22:16-18).

La obediencia de los padres cristianos a Dios puede parecer difícil a causa de los aparentes efectos adversos en los que podría haber colocado a su hijo. Pero deben recordar lo que Jesucristo enseñó a Sus discípulos cuando dijo, "*El que ama a padre o madre más que a mí, no es digno de mí; el que ama a hijo o hija más que a mí, no es digno de mí; y el que no toma su cruz y sigue en pos de mí, no es digno de mí*" (Mateo 10:37-38). Dios no pide hoy a los padres cristianos que coloquen físicamente a su hijo o hija en un altar de piedras pero Él puede pedirles que sacrifiquen algunos de sus sueños personales, tiempo y recursos por su familia, de modo que ellos o su hijo le puedan servir. Los padres cristianos deben estar dispuestos a obedecer a Dios no importa cuál sea el aparente resultado. Deben elegir amar a su hijo al amar más a Dios y obedecerle no importa cómo o a dónde Él los conduzca, de modo que puedan ofrecerle a su hijo un ejemplo de cómo Jesucristo prometió que, "*... no hay ninguno que haya dejado casa, o hermanos, o hermanas, o padre, o madre, o mujer, o hijos, o tierras, por causa de mí y del evangelio, que no reciba cien veces más ahora en este tiempo; casas, hermanos, hermanas, madres, hijos, y tierras, con persecuciones; y en el siglo venidero la vida eterna. Pero muchos primeros serán postreros, y los postreros, primeros*" (Marcos 10:29-30).

Muchos padres cristianos temen que su sacrificio a Dios de alguna manera destruya la fe de su hijo en Él. Sin embargo, el ejemplo de Abraham e Isaac muestra claramente que cuando un padre cristiano decide obedecer a Dios con un corazón sumiso, su hijo tendrá la oportunidad privilegiada de ver la protección personal de Dios como una provisión de primera mano. Y como Abraham e Isaac, su hijo se verá fortalecido en su fe y dedicado a servir a Dios por muchos años después terminada la influencia de sus padres (véase Génesis 25:11, Hebreos 11:20).

☞¿Está usted dispuesto a obedecer a Dios sin importar las aparentes consecuencias para usted y su hijo?

☞¿Está usted dispuesto a enseñarle a su hijo en confiarse a Dios, incluso cuando usted no entienda Su plan?

☞¿Va a mostrar su fe en Dios al tomar decisiones duras de obediencia para que su hijo pueda aprender de primera mano cómo Dios protege y provee para Su gente?

La Crianza con Propósito
Honrar a Dios con Su Hijo

Honrar a Dios con su Hijo
Requiere Enseñarle a Creer en Él
II Timoteo 1:5

Timoteo se criaba en un hogar dividido espiritualmente. Es claro que su madre y su abuela eran creyentes, pero parece que su padre era incrédulo (véase Hechos 16:1). Aunque Eunice, la madre de Timoteo, no tenía el apoyo espiritual que ella pudo haber querido de su marido, le enseñó a su hijo a conocer y a obedecer a Dios. Pablo atribuyó específicamente la fe de Timoteo a su madre y a su abuela, cuando decía, "*trayendo a la memoria la fe no fingida que hay en ti, la cual habitó primero en tu abuela Loida, y en tu madre Eunice, y estoy seguro que en ti también*" (II Timoteo 1:5). Timoteo fue enseñado en las Escrituras por dos mujeres piadosas, y él tenía un "*... buen testimonio de él los hermanos que estaban en Listra y en Iconio*" (Hechos 16:2). Por causa de su instrucción en el hogar y su buen testimonio con otros creyentes, Pablo lo eligió para viajar con él en su ministerio (véase Hechos 16:3).

Años después que Timoteo fue elegido por Pablo como compañero del ministerio, le escribió una carta para amonestar a Timoteo e hizo referencia a su instrucción en la infancia en las Escrituras, diciendo: "*Pero persiste tú en lo que has aprendido y te persuadiste, sabiendo de quién has aprendido; y que desde la niñez has sabido las Sagradas Escrituras, las cuales te pueden hacer sabio para la salvación por la fe que es en Cristo Jesús*" (II Timoteo 3:14-15). Es evidente que Eunice seguía el mandato de Dios presentado en Deuteronomio 6:5-9, que dice, "*Y amarás a Jehová tu Dios de todo tu corazón, y de toda tu alma, y con todas tus fuerzas. Y estas palabras que yo te mando hoy, estarán sobre tu corazón; y las repetirás a tus hijos, y hablarás de ellas estando en tu casa, y andando por el camino, y al acostarte, y cuando te levantes. Y las atarás como una señal en tu mano, y estarán como frontales entre tus ojos; y las escribirás en los postes de tu casa, y en tus puertas.*" De la enseñanza de Eunice y Loida, Timoteo fue capaz de descubrir la salvación a una edad temprana y la sabiduría para años más tarde en su ministerio como adulto.

Los padres cristianos deben dedicarse a compartir con su hijo su fe en Dios. Ellos deben aceptar su responsabilidad de *"**Instruye al niño en su camino***," y tener la confianza que *"**cuando fuere viejo no se apartará de él***"* (Proverbios 22:6). Después, los padres cristianos deben empezar a compartir el Evangelio con su hijo tan pronto como sea posible para que pueda aceptar a Jesucristo como su Salvador personal a la edad más temprana posible. Ellos deben llenar la vida de su hijo con la Escritura, tanto en forma impresa y estilo de vida para que puedan *"**... sino criadlos en disciplina y amonestación del Señor***"* (Efesios 6:4).

☞ ¿Está usted dedicado a enseñarle a su hijo la Palabra de Dios para que él pueda crecer en su fe en Dios?

☞ ¿Va usted a vivir una vida de fe en Dios para que su hijo pueda tener un buen ejemplo de cómo él debe vivir en el futuro?

Honrar a Dios con su hijo
Requiere Servir a Dios con su Hijo
Josué 24:15

Josué proclamó su decisión de servir a Dios con su familia mientras dirigía a Israel en Josué 24:15. Él dijo, *"**Y si mal os parece servir a Jehová, escogeos hoy a quién sirváis; si a los dioses a quienes sirvieron vuestros padres, cuando estuvieron al otro lado del río, o a los dioses de los amorreos en cuya tierra habitáis; pero yo y mi casa serviremos a Jehová.***"* La decisión de Josué para servir a Dios no se hizo rápidamente. Josué se acercaba al final de su vida y había considerado cuidadosamente las muchas otras opciones religiosas y mundanas que estaban disponibles en su tiempo. Sin embargo, él desafió al pueblo de

La Crianza con Propósito
Honrar a Dios con Su Hijo

Israel, diciendo, *"Ahora, pues, temed a Jehová, y servidle con integridad y en verdad; y quitad de entre vosotros los dioses a los cuales sirvieron vuestros padres al otro lado del río, y en Egipto; y servid a Jehová."* (Josué 24:14).

El mandato de Josué al pueblo de Israel no era simplemente creer en Dios o adorarlo, sino de servirle a Él. Josué era un hombre de servicio. Él fue conocido como sirvo porque él sirvió fielmente como *"ayudante de Moisés"* desde su juventud cuando el pueblo de Israel viajaba por el desierto (Números 11:28). Había viajado con Moisés al monte cuando éste recibió los mandamientos de Dios (véase Éxodo 24:13-18). Había entrado y se quedó en el Tabernáculo durante y después que *"... hablaba Jehová a Moisés cara a cara, como habla cualquiera a su compañero"* (Éxodo 33:11). Había reconocido la tierra prometida para Moisés y proporcionando un buen informe (véase Números 13:1-14:24). Dios le había dado el liderazgo del pueblo de Israel por Dios después de la muerte de Moisés (véase Números 27:18-23, Josué 1:1-9). Y él había llevado fielmente al pueblo de Dios a la tierra prometida y ganó muchas victorias por el poder de Dios. Josué había dedicado su vida a servir a Dios, por servir a Su hombre y a Su pueblo. Al final de su vida, él habló de parte de sus hijos y nietos cuando dijo, *"pero yo y mi casa serviremos a Jehová"* (Josué 24:15).

Josué no era único que incluía a su familia en su servicio a Dios. Noé incluía a toda su familia en su obediencia y servicio a Dios también, cuando *"... por causa de las aguas del diluvio entró Noé al arca, y con él sus hijos, su mujer, y las mujeres de sus hijos"* (Génesis 7:7). Abraham incluía a su hijo en el trabajo de sacrificar cuando *"tomó Abraham la leña del holocausto, y la puso sobre Isaac su hijo, y él tomó en su mano el fuego y el cuchillo; y fueron ambos juntos"* (Génesis 22:6). Y Felipe, uno de los primeros diáconos y evangelistas del Nuevo Testamento que criaba a sus cuatro hijas para ser puras y participar en la obra del ministerio (véase Hechos 6:1-7, 8:5-13, 26-40, 21:8-9). La Biblia dice que Pablo y sus compañeros de viaje entraron *"... en casa de Felipe el evangelista, que era uno de los siete, posamos con él. Este tenía cuatro hijas doncellas que profetizaban"* (Hechos 21:8-9).

Los padres cristianos deben incluir a su hijo en su adoración y servicio a Dios el Padre. Deben proporcionar la instrucción Bíblica, un buen ejemplo y muchas oportunidades para servir a Dios juntos como familia. Y su servicio a Dios como una familia tiene que incluir la obediencia al mandato de Dios a *"... considerémonos unos a otros para estimularnos al amor y a las buenas obras; no dejando de congregarnos, como algunos tienen por costumbre, sino exhortándonos; y tanto más, cuanto veis que aquel día se acerca"* (Hebreos 10:24-25).

☞¿Va usted a buscar la manera de servir a Dios con su hijo?

☞¿Va usted a enseñar a su hijo a estar comprometido con el ministro, y con y para los demás creyentes a través de una iglesia local?

En cada uno de los ejemplos donde se presenta a los padres que honraron a Dios con sus hijos, ninguno de ellos sabía de la gran obra que Él iba a hacer en y por la vida de sus hijos. Ellos nunca supieron que Dios iba a levantar líderes espirituales a través de su elección de honrarle con la vida de sus hijos. Así que la pregunta que debe hacerse es: "¿Qué quiere hacer Dios en la vida de su hijo que no puede imaginar pero que se debe empezar por honrarlo al darlo a Él, amar a Dios más que a su hijo, enseñarle sobre Él a través de una dedicación en las Escrituras e incluir su hijo en el ministerio para Dios?"

La Crianza con Propósito
Honrar a Dios con Su Hijo

Preparación para una Familia Cristiana

1. ¿Cuáles son algunas maneras en que usted puede darle su hijo de vuelta a Dios?
   a. _____
   b. _____
   c. _____

2. ¿Cuáles son algunas maneras en que usted puede mostrar a Dios que lo ama más que a su hijo?
   a. _____
   b. _____
   c. _____

3. ¿Cuáles son algunas maneras en que usted puede mostrar a Dios que ama más a su hijo que a Él?
   a. _____
   b. _____
   c. _____

4. ¿Cuáles son algunas maneras en que usted puede enseñarle a su hijo acerca de Dios?
   a. _____
   b. _____
   c. _____

5. ¿Cuáles son algunas maneras en que puede servirle a Dios con su hijo?
   a. _____
   b. _____
   c. _____

Representando a Dios Padre en la Paternidad
Parte #1

La Provisión Paternal

Capítulo 4

Representando a Dios Padre en la Paternidad
Parte #1

La Provisión Paternal

Jesucristo, en su momento de necesidad, clamó a su Padre Celestial *"Y decía: Abba, Padre, todas las cosas son posibles para ti; aparta de mí esta copa; mas no lo que yo quiero, sino lo que tú."* (Marcos 14:36). El nombre "Padre" es un título común para los niños en todas partes. Pero el título de *"Abba"* es mucho más significativo y valioso ya que revela la cercanía del niño y dependencia en su padre. La relación de Jesucristo con Dios el Padre era infinitamente cercana y Él dependía en Dios el Padre por todos los aspectos de Su vida y ministerio (Juan 5:19-20, 30).

Dios Padre ha ofrecido a cada uno de Sus hijos una estrecha relación en la que le pueden llamar *"Abba"* o papá. Sus hijos *"...habéis recibido el espíritu de adopción, por el cual clamamos: ¡Abba, Padre!"* (Romanos 8:15, véase Gálatas 4:5-7). Y *"El Espíritu mismo da testimonio a nuestro espíritu, de que somos hijos de Dios. Y si hijos, también herederos; herederos de Dios y coherederos con Cristo..."* (Romanos 8:16-17). Los hijos de Dios Padre que se encuentran en necesidad o deseo pueden acercarse a Él y depender en Él como su *"Abba."* Pueden confiar en Él para ser su proveedor perfecto.

Los padres cristianos deben amar a su hijo cuando se les acerca y depende de ustedes para sus necesidades y deseos. Deben mirar hacia adelante para la oportunidad de mostrar su amor paternal mediante la provisión de las necesidades de sus hijos. Y al hacerlo, le que proporcionan a su hijo su necesidad más importante, un ejemplo de cómo él puede llamar a Dios Padre *"Abba"* y depender en Él en su momento de necesidad.

La Crianza con Propósito
Representando a Dios Padre en la Paternidad
La Provisión Paternal

☞¿Acepta usted su responsabilidad de representar a Dios Padre ante su hijo al proporcionar correcta y adecuadamente sus necesidades?

La Previsión Paternal para las Necesidades Físicas
Mateo 6:25-34

Dios Padre sabe y se preocupa de cada necesidad que sus hijos tengan. En Mateo 6:25-33 Jesús animó a sus discípulos, enseñándoles acerca del conocimiento y la disposición de Dios Padre de proveer para cada una de sus necesidades físicas como Él dijo, "*... No os afanéis por vuestra vida, qué habéis de comer o qué habéis de beber; ni por vuestro cuerpo, qué habéis de vestir. ¿No es la vida más que el alimento, y el cuerpo más que el vestido? Mirad las aves del cielo, que no siembran, ni siegan, ni recogen en graneros; y vuestro Padre celestial las alimenta. ¿No valéis vosotros mucho más que ellas? ... Y si la hierba del campo que hoy es, y mañana se echa en el horno, Dios la viste así, ¿no hará mucho más a vosotros, hombres de poca fe? No os afanéis, pues, diciendo: ¿Qué comeremos, o qué beberemos, o qué vestiremos? Porque los gentiles buscan todas estas cosas; pero vuestro Padre celestial sabe que tenéis necesidad de todas estas cosas.*" La provisión completa de Dios Padre de cada una de las necesidades de sus hijos llevó a David a decir, "*Joven fui, y he envejecido, Y no he visto justo desamparado, Ni su descendencia que mendigue pan. En todo tiempo tiene misericordia, y presta; Y su descendencia es para bendición.*" (Salmos 37:25-26). Dios es un buen padre y se deleita en el cuidado de las necesidades de sus hijos. Él no desea para sus hijos "*afanéis por el día de mañana, porque el día de mañana traerá su afán. Basta a cada día su propio mal*" (Mateo 6:34).

Los padres cristianos deben mostrar el cuidado personal de Dios Padre para Sus hijos por proveer las necesidades físicas de su hijo. Ellos deben aceptar su responsabilidad de suministrar los

La Crianza con Propósito
Representando a Dios Padre en la Paternidad
La Provisión Paternal

alimentos, la ropa y el refugio para su hijo. También deben enseñar a su hijo a confiarse en Dios Padre para Su provisión, siguiendo el ejemplo de la oración de Jesús cuando dijo, "*El pan nuestro de cada día, dánoslo hoy*" (Lucas 11:3). Los padres cristianos deben ser advertidos de que" *...si alguno no provee para los suyos, y mayormente para los de su casa, ha negado la fe, y es peor que un incrédulo*" (I Timoteo 5:8). Los padres cristianos no están obligados a proporcionar todo lo que el mundo ofrece o que su niño desee. Pero ellos están obligados a hacer todo lo posible para proveer lo necesario para la salud y el bienestar de su hijo. Cuando haya la ocasión en que estén humanamente limitados, deben confiar en Dios por Su provisión al igual que la mujer viuda en I Reyes 17:12-24. Ella confió en Dios para la comida de ella y de su hijo y nunca les faltó. Y luego confió en Dios por la salud de su hijo y él fue resucitado por Elías.

☞¿Está usted comprometido en proporcionarle a su hijo sus necesidades básicas, incluso en su propio sacrificio personal?

La Provisión Paternal de Protección
Mateo 10:28-31

Dios Padre personalmente protege a Sus hijos de los peligros que los rodean. En Mateo 10:28-31 Jesús dijo a Sus discípulos, "*... no temáis a los que matan el cuerpo, mas el alma no pueden matar; temed más bien a aquel que puede destruir el alma y el cuerpo en el infierno. ¿No se venden dos pajarillos por un cuarto? Con todo, ni uno de ellos cae a tierra sin vuestro Padre. Pues aun vuestros cabellos están todos contados. Así que, no temáis; más valéis vosotros que muchos pajarillos.* El conocimiento y el cuidado protector de Dios Padre para Sus hijos son tan completos que Él sabe cuántos cabellos hay en su cabeza. Y Él dice a sus hijos, "*No te desampararé, ni te dejaré; de*

La Crianza con Propósito
Representando a Dios Padre en la Paternidad
La Provisión Paternal

manera que podemos decir confiadamente: El Señor es mi ayudador; no temeré Lo que me pueda hacer el hombre" (Hebreos 13:5-6). Los hijos de Dios Padre pueden vivir con seguridad dentro de los peligros de este mundo con el conocimiento de que su Padre celestial les dará la protección que necesitan. El Rey David proporcionó un testimonio de la protección de Dios en el Salmos 18:1-3 que dice, *"Te amo, oh Jehová, fortaleza mía. Jehová, roca mía y castillo mío, y mi libertador; Dios mío, fortaleza mía, en él confiaré; Mi escudo, y la fuerza de mi salvación, mi alto refugio. Invocaré a Jehová, quien es digno de ser alabado, Y seré salvo de mis enemigos."* Cada uno de los hijos de Dios debe reconocer que Su protección parental no garantiza que nunca vayan a experimentar el peligro, sino más bien que los peligros que experimenten siempre serán limitados por Su amor (véase Job 1-2). Deben decir con el Salmista, *"Aunque ande en valle de sombra de muerte, No temeré mal alguno, porque tú estarás conmigo; Tu vara y tu cayado me infundirán aliento. Aderezas mesa delante de mí en presencia de mis angustiadores..."* (Salmos 23:4-5).

Los padres cristianos deben mostrar el cuidado personal de Dios Padre a su hijo, proporcionando protección contra los peligros físicos y espirituales que los rodean. Como padres amorosos, deben seguir el ejemplo de la madre de Moisés de hacer todo lo humanamente posible para protegerlo (véase Éxodo 2:2-3). El nivel de peligro que Moisés enfrentaba estaba fuera del control de los padres y *"por la fe... no temieron el decreto del rey"* de matar a su hijo (Hebreos 11:23). Mientras confiaban en la protección de Dios, arriesgaron sus vidas para proteger a su hijo y ellos continuaron su cuidado protector ya que tenían la hermana de Moisés velando por él, mientras él estaba en el río (véase Éxodo 2:4). Al final, Dios proveyó a Moisés y a sus padres la protección que necesitaban y él fue devuelto a ellos en un corto tiempo (véase Éxodo 2:5-10). Los padres cristianos deben hacer todo lo posible para preveerles a sus hijos la protección que necesitan en cada área de su vida y luego depender en Dios para

La Crianza con Propósito
Representando a Dios Padre en la Paternidad
La Provisión Paternal

abastecer su protección cuando los peligros estén más allá de su control.

☞ ¿Está usted comprometido de proteger a su hijo a la medida de su capacidad de peligros físicos y espirituales?
☞ ¿Está usted comprometido de confiar en Dios para la seguridad de su hijo cuando el peligro esté fuera de su control?

La Provisión Paternal de la Dirección Espiritual
Lucas 11:10-13

Dios Padre desea que sus hijos tengan una guía espiritual para que puedan vivir una vida santa. Lucas 11:13 dice, "***Pues si vosotros, siendo malos, sabéis dar buenas dádivas a vuestros hijos, ¿cuánto más vuestro Padre celestial dará el Espíritu Santo a los que se lo pidan?***" Jesucristo enseñó a Sus discípulos sobre el propósito del Espíritu Santo, diciendo, "***Mas el Consolador, el Espíritu Santo, a quien el Padre enviará en mi nombre, él os enseñará todas las cosas, y os recordará todo lo que yo os he dicho***" (Juan 14:26). Y continuó por decir, "***Pero cuando venga el Espíritu de verdad, él os guiará a toda la verdad***" (Juan 16:13). Dios el Padre sabe la importancia de que sus hijos estén guiados por una persona mucho más informada y más sabia. Así que Él ofrece libremente el Espíritu Santo como un maestro personal y guía a cada uno de sus hijos para que puedan aprender, recordar y aplicar prácticamente las verdades de Dios Padre a sus vidas.

Los padres cristianos deben ser el recurso humano primario de su hijo para la dirección espiritual. Deben estar dispuestos a seguir el ejemplo de la madre de Timoteo de ofrecer instrucción parental que Pablo utilizó para amonestar a Timoteo como un adulto cuando dijo, "***Pero persiste tú en lo que has aprendido y te persuadiste, sabiendo de quién has aprendido; y que desde la niñez has sabido las Sagradas Escrituras, las cuales te pueden***

La Crianza con Propósito
Representando a Dios Padre en la Paternidad
La Provisión Paternal

hacer sabio para la salvación por la fe que es en Cristo Jesús" (II Timoteo 3:14-15). *"La fe no fingida [de Timoteo]... la cual habitó primero en tu abuela Loida, y en tu madre Eunice..."* sería su guía espiritual y fuerza a lo largo de su vida (II Timoteo 1:5). Los padres cristianos deben ser como Abraham, de quien Dios dijo, *"Porque yo sé que mandará a sus hijos y a su casa después de sí, que guarden el camino de Jehová, haciendo justicia y juicio..."* (Génesis 18:19). Deben seguir el ejemplo del Rey Salomón y decir a su hijo, *"Dame, hijo mío, tu corazón, Y miren tus ojos por mis caminos."* (Proverbios 23:26). *"Hijo mío, si recibieres mis palabras, Y mis mandamientos guardares dentro de ti, Haciendo estar atento tu oído a la sabiduría; Si inclinares tu corazón a la prudencia, Si clamares a la inteligencia, Y a la prudencia dieres tu voz; Si como a la plata la buscares, Y la escudriñares como a tesoros, Entonces entenderás el temor de Jehová, Y hallarás el conocimiento de Dios"* (Proverbios 2:1-5). Los padres cristianos deben ser el recurso primario de instrucción y consejo espiritual de su hijo mientras ellos cumplan fielmente el mandato de *"criadlos en disciplina y amonestación del Señor"* (Efesios 6:4).

☞ ¿Está usted comprometido de enseñarle a su hijo la Palabra de Dios, y ofrecerle consejo bíblico?

☞ ¿Está usted comprometido de enseñarle a su hijo a dependerse en el Espíritu Santo para guiarle a través de la Palabra de Dios?

La Provisión Paternal para las Peticiones Personales
Mateo 7:8-11

Dios Padre se deleita en la provisión de las peticiones de Sus hijos. En Mateo 7:8-11 Jesucristo lo explicó por decir, *"Porque todo aquel que pide, recibe; y el que busca, halla; y al que llama, se le abrirá. ¿Qué hombre hay de vosotros, que si su hijo le pide pan, le dará una piedra? ¿O si le pide un pescado, le*

La Crianza con Propósito
Representando a Dios Padre en la Paternidad
La Provisión Paternal

dará una serpiente? Pues si vosotros, siendo malos, sabéis dar buenas dádivas a vuestros hijos, ¿cuánto más vuestro Padre que está en los cielos dará buenas cosas a los que le pidan? Así que, todas las cosas que queráis que los hombres hagan con vosotros, así también haced vosotros con ellos; porque esto es la ley y los profetas." Aunque Dios Padre contempla las necesidades básicas de sus hijos, Él también se deleita en escuchar las peticiones de sus necesidades y deseos particulares. Y Él siempre tiene cuidado de darles sólo lo que va a ser beneficioso para ellos y que no les cause daño. I Juan 5:14-15 provee el requisito clave de Dios para el cumplimiento de las peticiones de Sus hijos, diciendo, "*Y esta es la confianza que tenemos en él, que si pedimos alguna cosa conforme a su voluntad, él nos oye. Y si sabemos que él nos oye en cualquiera cosa que pidamos, sabemos que tenemos las peticiones que le hayamos hecho.*" Santiago 4:2-3 explica por decir, "*Codiciáis, y no tenéis; matáis y ardéis de envidia, y no podéis alcanzar; combatís y lucháis, pero no tenéis lo que deseáis, porque no pedís. Pedís, y no recibís, porque pedís mal, para gastar en vuestros deleites.*" Cada uno de los hijos de Dios Padre debe aprender a hacer peticiones de acuerdo a lo que ellos conozcan que Él apruebe. Ellos deben estar dispuestos a decir con Jesucristo, "*Padre, si quiere... pero no se haga mi voluntad, sino la tuya*" (Lucas 22:42-43).

Los padres cristianos deben mostrar el cuidado personal de Dios Padre para Sus hijos, escuchando las peticiones legítimas de su hijo. Ellos amorosamente deben estar atentos a los deseos de su hijo y deben tratar de cumplir sus peticiones si no son perjudiciales y si están dentro de su capacidad y su plan para ese hijo. Pero, con su provisión de las peticiones de su hijo deben también enseñar a su hijo que "*... la piedad acompañada de contentamiento; porque nada hemos traído a este mundo, y sin duda nada podremos sacar. Así que, teniendo sustento y abrigo, estemos contentos con esto*" (I Timoteo 6:6-8). Deben enseñar a su hijo a decir "*... No me des pobreza ni riquezas; Mantenme del*

La Crianza con Propósito
Representando a Dios Padre en la Paternidad
La Provisión Paternal

pan necesario; No sea que me sacie, y te niegue, y diga: ¿Quién es Jehová?" (Proverbios 30:8-9). Padres cristianos no pueden ni deben proporcionar cada petición que su hijo haga. Sino que deben pedir a Dios Padre por Su provisión y sabiduría para cada una de las peticiones de su hijo. También deben enseñar a su hijo a pedir por peticiones razonables y ser *"contentos con lo que tenéis ahora; porque él dijo: No te desampararé, ni te dejaré;"* (Hebreos 13:5).

☞ ¿Está usted comprometido en tomar el tiempo para escuchar las peticiones de su hijo?

☞ ¿Está usted comprometido de buscar la sabiduría y la provisión de Dios para que pueda cumplir correctamente las peticiones de su hijo?

☞ ¿Está usted comprometido en enseñar a su hijo a confiar en Dios Padre por sus necesidades y para estar contento con lo que tiene?

La Crianza con Propósito
Representando a Dios Padre en la Paternidad
La Provisión Paternal

Preparación para una Familia Cristiana

1. ¿Cuál es el nombre especial con que los hijos de Dios le llaman? _____
   ¿Por qué este nombre es muy especial? _____
   _____
   ¿Cuál nombre muy especial puede usar su hijo para usted?
   _____

2. ¿Cuáles son las cuatro áreas básicas que usted debe proveer para su hijo?
   a. _____
   b. _____
   c. _____
   d. _____

3. ¿Cuáles son algunas provisiones físicas que usted debe tratar de proveer para su hijo?
   a. _____
   b. _____
   c. _____
   d. _____

4. ¿Cuáles son algunos peligros físicos de los que usted debe tratar de proteger a su hijo? ¿Y cómo puede protegerlo?
   a. _____
   b. _____
   c. _____
   d. _____

La Crianza con Propósito
Representando a Dios Padre en la Paternidad
La Provisión Paternal

5. ¿Cuáles son algunos peligros espirituales de los que usted debe tratar de proteger a su hijo? ¿Y cómo puede protegerlo?
   _____
   _____

6. ¿Cuáles son algunas maneras en que usted puede proveerle dirección espiritual a su hijo?
   a. _____
   b. _____
   c. _____
   d. _____

7. ¿Cuáles son algunas peticiones que su hijo puede pedirle a usted?
   a. _____
   b. _____
   c. _____
   d. _____

8. ¿Cuáles son algunas razones por las que usted no debe cumplir algunas de las peticiones de su hijo?
   a. _____
   b. _____
   c. _____
   d. _____

Representando a Dios Padre en la Paternidad
Parte #2

La Instrucción Paternal

Capítulo 5

Representando a Dios Padre en la Paternidad
Parte #2

La Instrucción Paternal

Dios el Padre le ha dado instrucciones a la humanidad con Sus verdades desde el principio de la creación. Su instrucción comenzó cuando Él le dijo a Adán que no debía comer del árbol de la Ciencia del Bien y del Mal, y la ha continuado hasta nuestros días a través de Su instrucción escrita, la Biblia (véase Génesis 2:16-17). Dios Padre inspiró específicamente Su Palabra para ser "*...útil para enseñar, para redargüir, para corregir, para instruir en justicia, a fin de que el hombre de Dios sea perfecto, enteramente preparado para toda buena obra*" (II Timoteo 3:16-17).

Jesucristo, mientras oraba a Dios por los que le seguían, testificó de Su participación en la instrucción de Dios Padre a los hombres por decir, "*Ahora pues, Padre... He manifestado tu nombre a los hombres que del mundo me diste; tuyos eran, y me los diste, y han guardado tu palabra. Ahora han conocido que todas las cosas que me has dado, proceden de ti; porque las palabras que me diste, les he dado; y ellos las recibieron, y han conocido verdaderamente que salí de ti, y han creído que tú me enviaste*" (Juan 17:5-8). Y en Juan 10:25-30 revela la relación especial que cada persona tiene con Jesucristo y Dios el Padre al recibir la instrucción de Jesús diciendo, "*... Os lo he dicho, y no creéis; las obras que yo hago en nombre de mi Padre, ellas dan testimonio de mí; pero vosotros no creéis, porque no sois de mis ovejas, como os he dicho. Mis ovejas oyen mi voz, y yo las conozco, y me siguen, y yo les doy vida eterna; y no perecerán jamás, ni nadie las arrebatará de mi mano. Mi Padre que me las dio, es mayor que todos, y nadie las puede arrebatar de la*

La Crianza con Propósito
Representando a Dios Padre en la Paternidad
La Provisión Paternal

mano de mi Padre. Yo y el Padre uno somos." Dios Padre ha revelado con propósito quién es Él y lo que espera de la humanidad a través de Su instrucción verbal y escrita. Los que reciben y guardan la instrucción de Dios el Padre dan evidencia de que son Sus hijos.

Al igual que Dios el Padre le ha dado instrucciones a toda la humanidad, y específicamente a sus hijos, Él les ha dado específicamente a los padres la responsabilidad de enseñarles a sus hijos acerca de Él. En Deuteronomio 6:5-16 Moisés mandó a los padres en Israel de instruir a sus hijos acerca de Dios cuando dijo, "*Y amarás a Jehová tu Dios de todo tu corazón, y de toda tu alma, y con todas tus fuerzas. Y estas palabras que yo te mando hoy, estarán sobre tu corazón; y las repetirás a tus hijos...*" Y en Efesios 6:4 el Apóstol Pablo les dio instrucción semejante a los padres en la iglesia local cuando dijo "*... no provoquéis a ira a vuestros hijos, sino criadlos en disciplina y amonestación del Señor*" (Efesios 6:4). Una parte importante de la crianza incluye la protección de cada niño de una vida llena de ira y desanimo (véase Colosenses 3:20). Y el programa perfecto de Dios para esa protección requiere que este centrada en Dios "*disciplina*" (corrección) y "*amonestación*" (instrucción). A lo largo del tiempo se les ha dado a los padres la responsabilidad de enseñar y educar a sus hijos a obedecer la Palabra de Dios. Se les ordenó a que "*... guárdate, y guarda tu alma con diligencia, para que no te olvides de las cosas que tus ojos han visto, ni se aparten de tu corazón todos los días de tu vida; antes bien, las enseñarás a tus hijos, y a los hijos de tus hijos*" (Deuteronomio 4:9).

Los padres cristianos deben presentar diligentemente a Dios Padre a sus hijos, enseñándoles acerca de Quién es Él y lo que espera de ellos. Ellos deben confiar en que a través del conocimiento de Dios Padre y de Jesucristo, tendrán todo lo necesario para vivir correctamente en este mundo, porque Dios ha prometido que, "*Gracia y paz os sean multiplicadas, en el conocimiento de Dios y de nuestro Señor Jesús. Como todas las*

La Crianza con Propósito
Representando a Dios Padre en la Paternidad
La Provisión Paternal

cosas que pertenecen a la vida y a la piedad nos han sido dadas por su divino poder, mediante el conocimiento de aquel que nos llamó por su gloria y excelencia, por medio de las cuales nos ha dado preciosas y grandísimas promesas, para que por ellas llegaseis a ser participantes de la naturaleza divina, habiendo huido de la corrupción que hay en el mundo a causa de la concupiscencia" (II Pedro 1:2-4). Por tanto, deben enseñar a sus hijos por decir *"El fin de todo el discurso oído es este: Teme a Dios, y guarda sus mandamientos; porque esto es el todo del hombre. Porque Dios traerá toda obra a juicio, juntamente con toda cosa encubierta, sea buena o sea mala"* (Eclesiastés 12:13-14).

El Tema de la Instrucción Paternal
Deuteronomio 6:5-7

Dios el Padre debe ser el tema principal de la instrucción parental, porque es únicamente a través del conocimiento y de la relación con Dios Padre por medio de Jesucristo que los niños tendrán la *"... potestad de ser hechos hijos de Dios..."* (Juan 1:12).

Deuteronomio 6:5-6 presenta la importancia de que cada padre conozca personalmente y ame a Dios Padre antes de que pueda enseñar a su hijo a hacer lo mismo. Mientas que hablando a los padres, dice, *"Y amarás a Jehová tu Dios de todo tu corazón, y de toda tu alma, y con todas tus fuerzas. Y estas palabras que yo te mando hoy, estarán sobre tu corazón."* Y después dice, *"y las repetirás a tus hijos, y hablarás de ellas..."* (Deuteronomio 6:7). Y en Salmos 78:5-7 el Salmista dice, *"El [Jehová] estableció testimonio en Jacob, Y puso ley en Israel, La cual mandó a nuestros padres Que la notificasen a sus hijos; Para que lo sepa la generación venidera, y los hijos que nacerán; Y los que se levantarán lo cuenten a sus hijos, A fin*

La Crianza con Propósito
Representando a Dios Padre en la Paternidad
La Provisión Paternal

de que pongan en Dios su confianza, Y no se olviden de las obras de Dios; Que guarden sus mandamientos."

A los padres cristianos se les ha dado la responsabilidad específica de compartir su conocimiento de Dios Padre con su hijo. Pero primero tienen que seguir la instrucción de Moisés a los padres cuando les dijo, *"A Jehová tu Dios temerás, y a él solo servirás, y por su nombre jurarás. No andaréis en pos de dioses ajenos, de los dioses de los pueblos que están en vuestros contornos; porque el Dios celoso, Jehová tu Dios, en medio de ti está; para que no se inflame el furor de Jehová tu Dios contra ti, y te destruya de sobre la tierra. No tentaréis a Jehová vuestro Dios... Guardad cuidadosamente los mandamientos de Jehová vuestro Dios, y sus testimonios y sus estatutos que te ha mandado. Y haz lo recto y bueno ante los ojos de Jehová, para que te vaya bien..."* (Deuteronomio 6:13-18).

Después que los padres cristianos personalmente conozcan y amen a Dios Padre deben decir a su hijo, *"Dame, hijo mío, tu corazón, Y miren tus ojos por mis caminos,"* mientras le crían *"en disciplina y amonestación del Señor"* (Proverbios 23:26, véase también Efesios 6:4). Y deben seguir el ejemplo del rey Salomón cuando le enseño a su hijo que, *"Jehová con sabiduría fundó la tierra; Afirmó los cielos con inteligencia. Con su ciencia los abismos fueron divididos, Y destilan rocío los cielos. Hijo mío, no se aparten estas cosas de tus ojos; Guarda la ley y el consejo, Y serán vida a tu alma, Y gracia a tu cuello. Entonces andarás por tu camino confiadamente, Y tu pie no tropezará. Cuando te acuestes, no tendrás temor, Sino que te acostarás, y tu sueño será grato"* (Proverbios 3:19-24). Los padres cristianos deben colocar a Dios Padre en el centro de la sabiduría y la discreción que proporcionan. Deben ayudar a su hijo a entender que sólo *"Riquezas, honra y vida Son la remuneración de la humildad y del temor de Jehová"* (Proverbios 22:4). Y que *"el todo del hombre"* es *"Teme a Dios y guarda sus mandamientos"* (Eclesiastés 12:13).

La Crianza con Propósito
Representando a Dios Padre en la Paternidad
La Provisión Paternal

Los padres cristianos le deben proveer a su hijo la misma oportunidad de recibir instrucción piadosa que Timoteo recibió. El apostal Pablo le recordó de esa instrucción cuando le dijo, *"Pero persiste tú en lo que has aprendido y te persuadiste, sabiendo de quién has aprendido; Y que desde la niñez has sabido las Sagradas Escrituras, las cuales te pueden hacer sabio para la salvación por la fe que es en Cristo Jesús* (II Timoteo 3:14-15). La instrucción de Timoteo fue proporcionada por su madre Eunice y su abuela Loida (véase II Timoteo 1:5). A través de su testimonio de fe y de la instrucción de las Escrituras, Timoteo fue hecho *"sabio para la salvación"* y se le ofreció la oportunidad de ser un *"hombre de Dios... perfecto, enteramente preparado para toda buena obra"* (II Timoteo 3:17).

Los padres cristianos deben instruir a su hijo acerca de Dios por enseñarle Su Palabra, mientras les ejemplifican cómo aplicar Su Palabra para situaciones diarias. Ellos deben hacer como lo hizo Pablo con otros creyentes cuando él *"exhortábamos y consolábamos a cada uno de vosotros, y os encargábamos que anduvieseis como es digno de Dios, que os llamó a su reino y gloria"* (I Tesalonicenses 2:11-12). Deben proveer a su hijo la *"sana doctrina"* y *"... enseñen a las mujeres jóvenes a amar a sus maridos y a sus hijos, a ser prudentes, castas, cuidadosas de su casa, buenas, sujetas a sus maridos, para que la palabra de Dios no sea blasfemada"* (Tito 2:1, 4-5). Y enseñen a los jóvenes *"que sean prudentes; presentándote tú [presentándoles] en todo como ejemplo de buenas obras; en la enseñanza mostrando integridad, seriedad, palabra sana e irreprochable, de modo que el adversario se avergüence, y no tenga nada malo que decir de vosotros [ellos]"* (Tito 2:1, 4-8).

☞ ¿Está usted comprometido de ser un buen ejemplo para su hijo por amar y temer a Dios?

☞ ¿Está usted comprometido en enseñar a su hijo a amar y temer a Dios por medio de las Escrituras?

La Crianza con Propósito
Representando a Dios Padre en la Paternidad
La Provisión Paternal

Los Métodos de la Instrucción Paternal
Deuteronomio 6:7-9, 20-25

La instrucción de Dios Padre para sus hijos se prevé a través de toda su vida. El Rey David, en el Salmos 19:1 declara que Dios Padre ha rodeado a sus hijos con la revelación general acerca de Sí mismo por la naturaleza cuando dijo, *"Los cielos cuentan la gloria de Dios, Y el firmamento anuncia la obra de sus manos"* Y en Salmos 19:7-11 David continuó por explicar cómo Dios ha provisto la revelación específica por Su Palabra para que sus hijos puedan disfrutar momentos específicos de estudio para conocer más detalles acerca de Él y lo que Él desea de ellos. Él dijo, *"La ley de Jehová es perfecta, que convierte el alma; El testimonio de Jehová es fiel, que hace sabio al sencillo. Los mandamientos de Jehová son rectos, que alegran el corazón; El precepto de Jehová es puro, que alumbra los ojos. El temor de Jehová es limpio, que permanece para siempre; Los juicios de Jehová son verdad, todos justos. Deseables son más que el oro, y más que mucho oro afinado; Y dulces más que miel, y que la que destila del panal. Tu siervo es además amonestado con ellos; En guardarlos hay grande galardón."*

En Deuteronomio 6:7 los padres cristianos son instruidos a que enseñen diligentemente a sus hijos y les hablen acerca de los mandamientos de Dios *"... estando en tu casa, y andando por el camino, y al acostarte, y cuando te levantes."* Los padres cristianos deben reservar tiempo para instruir específicamente a su hijo acerca de Dios el Padre por medio de compartirle Su Palabra. Deben ayudar y animar a su hijo a *"Procura con diligencia presentarte [presentarse] a Dios aprobado, como obrero que no tiene de qué avergonzarse, que usa bien la palabra de verdad"* (II Timoteo 2:15). Y deben exhortar a su hijo a responder a la instrucción de la Palabra de Dios al igual que Eli cuando animó a Samuel por decir, *"Habla, Jehová, porque tu siervo oye"* (I Samuel 3:9).

Los padres cristianos deben incluir a Dios Padre y a Su

La Crianza con Propósito
Representando a Dios Padre en la Paternidad
La Provisión Paternal

Palabra en sus conversaciones diarias con su hijo. Deben usar los eventos y los objetos diarios para explicar y aplicar las verdades bíblicas acerca de Dios al igual que Jesucristo que utilizó las parábolas y las lecciones objetivas para enseñar a sus seguidores (véase Mateo 5:13-16). Los padres cristianos deben recordar que *"Así que la fe es por el oír, y el oír, por la palabra de Dios"* (Romanos 10:17).

Los padres y sus hijos cristianos deben rodearse con visuales que les recuerde a Dios el Padre y Su Palabra. Deuteronomio 6:8-9 enseña a los padres diciendo, *"Y las [las Palabras de Dios] atarás como una señal en tu mano, y estarán como frontales entre tus ojos; y las escribirás en los postes de tu casa, y en tus puertas"* Es importante que establezcan recordatorios físicos de la gran obra que Dios ha hecho en ellos y a través de ellos. Éxodo 13:8-9 dice, *"Y lo contarás en aquel día a tu hijo, diciendo: Se hace esto con motivo de lo que Jehová hizo conmigo... Y te será como una señal sobre tu mano, y como un memorial delante de tus ojos, para que la ley de Jehová esté en tu boca..."*

Los padres cristianos deben anticipar la oportunidad de responder a las preguntas de su hijo acerca de Dios y de Su Palabra. Deuteronomio 6:20-25 dice, *"Mañana cuando te preguntare tu hijo, diciendo: ¿Qué significan los testimonios y estatutos y decretos que Jehová nuestro Dios os mandó? entonces dirás a tu hijo... Y nos mandó Jehová que cumplamos todos estos estatutos, y que temamos a Jehová nuestro Dios, para que nos vaya bien todos los días, y para que nos conserve la vida, como hasta hoy. Y tendremos justicia cuando cuidemos de poner por obra todos estos mandamientos delante de Jehová nuestro Dios, como él nos ha mandado."* Ellos deben dar la bienvenida a las muchas preguntas que su hijo tiene sobre la vida, la naturaleza, Dios, etc. Ellos deben tomar estas oportunidades especiales para dirigir la atención y la fe de su hijo a Dios Padre. Ellos deben responder como hizo Abraham a la pregunta de Isaac de, *"Padre mío. ... He aquí el fuego y la leña; mas ¿dónde está el cordero para el holocausto?"* por decir *"Dios se proveerá de*

La Crianza con Propósito
Representando a Dios Padre en la Paternidad
La Provisión Paternal

cordero para el holocausto, hijo mío. E iban juntos" (Génesis 22:7-8).

☞¿Está usted comprometido para compartir regularmente con su hijo la Palabra de Dios y las verdades acerca de Él?

☞¿Está usted comprometido para responder a las preguntas de su hijo con respuestas bíblicas?

La Meta de la Instrucción Paternal
Deuteronomio 6:10-19

La instrucción de Dios Padre para sus hijos es muy específica y tiene una meta igual de específica. II Timoteo 3:16-17 dice, "*Toda la Escritura es inspirada por Dios, y útil para enseñar, para redargüir, para corregir, para instruir en justicia, a fin de que el hombre de Dios sea perfecto, enteramente preparado para toda buena obra*" Dios Padre desea a través que de Su instrucción que cada uno de Sus hijos puedan estar totalmente preparados por cada una de las decisiones y circunstancias de su vida. Salmos 119:105 explica que la Palabra de Dios ofrece claridad y protección para sus hijos cuando dice, "*Lámpara es a mis pies tu palabra, Y lumbrera a mi camino.*" Dios el Padre no sólo ofrece a sus hijos una instrucción escrita para su vida a través de la Biblia, Él les provee una guía personal para ayudarle para explicar y aplicar la enseñanza (véase Juan 14:26, 16:13). Los hijos de Dios reciben el Espíritu Santo, "*... para que sepamos lo que Dios nos ha concedido, lo cual también hablamos, no con palabras enseñadas por sabiduría humana, sino con las que enseña el Espíritu, acomodando lo espiritual a lo espiritual*" (I Corintios 2:12-13). Dios Padre ha sido muy cuidadoso en poner a disposición de todos sus hijos toda la instrucción y la explicación que necesitan para vivir "*como hijos obedientes, no os conforméis a los deseos que antes teníais estando en vuestra ignorancia; sino, como aquel que os llamó es santo, sed*

La Crianza con Propósito
Representando a Dios Padre en la Paternidad
La Provisión Paternal

también vosotros santos en toda vuestra manera de vivir; porque escrito está: Sed santos, porque yo soy santo" (I Pedro 1:14-16).

Los padres cristianos deben establecer cuidadosamente la misma meta para su hijo, y luego deben buscar la sabiduría y la fuerza de Dios para enseñar y entrenar diligentemente a su hijo a alcanzar esa meta. En Deuteronomio 6:12-18 Moisés reveló la meta de Dios Padre para los adultos y sus hijos cuando él dio aviso al decir, *"cuídate de no olvidarte de Jehová..."* Y luego manda *"A Jehová tu Dios temerás, y a él solo servirás, y por su nombre jurarás. No andaréis en pos de dioses ajenos, de los dioses de los pueblos que están en vuestros contornos; porque el Dios celoso, Jehová tu Dios, en medio de ti está; para que no se inflame el furor de Jehová tu Dios contra ti, y te destruya de sobre la tierra. No tentaréis a Jehová vuestro Dios... Guardad cuidadosamente los mandamientos de Jehová vuestro Dios, y sus testimonios y sus estatutos que te ha mandado. Y haz lo recto y bueno ante los ojos de Jehová, para que te vaya bien..."* En Deuteronomio 6:24-25 Moisés concluye por resumir diciendo, *"Y nos mandó Jehová que cumplamos todos estos estatutos, y que temamos a Jehová nuestro Dios, para que nos vaya bien todos los días, y para que nos conserve la vida, como hasta hoy. Y tendremos justicia cuando cuidemos de poner por obra todos estos mandamientos delante de Jehová nuestro Dios, como él nos ha mandado"* Dios el Padre desea proteger y bendecir a sus hijos, pero éstos tienen que obedecerle para que Él pueda mostrar su protección y bendición. Los padres cristianos deben tratar de proveer protección y bendición para su hijo a través de la instrucción Bíblica, y deberían exigir la obediencia de él para que puedan disfrutar la bendición de su protección y bendición (véase Proverbios 1:8-9).

Los padres cristianos deben tener la misma meta primordial que Dios tiene para su hijo. Más que nada en el mundo, deben desear que su hijo tenga una relación personal con Dios Padre y que le sirva fielmente con toda su vida. Luego deben

La Crianza con Propósito
Representando a Dios Padre en la Paternidad
La Provisión Paternal

diligentemente *"**Instruye al [su] niño en su camino,**"* para que *"**cuando fuere viejo no se apartará de él**"* (Proverbios 22:6).

La meta de tener un hijo piadoso como Timoteo, que estaba dispuesto a temer y servir a Dios Padre con toda su vida, no llega rápido (véase II Timoteo 3:14-15). Se inicia con el entrenamiento espiritual correcto al nacer y continúa durante toda la vida de ese niño. Los padres cristianos deben empezar temprano para enseñar y entrenar a su hijo a conocer y amar a Dios. Ellos deben dedicarse personalmente a obedecer a Dios, para que puedan ser un ejemplo de piedad para su hijo. Ellos deben protegerle de las situaciones y personas que puedan disuadirles de amar a Dios Padre y seguir Su Palabra (véase Proverbios 22:3, 27:12, Efesios 5:11-12). Y deben rodear a su hijo con la instrucción de la Palabra de Dios y los otros creyentes que sean una exhortación espiritual por asistir y participar en una iglesia local centrada en la Palabra De Dios (véase Hebreos 10:24-25).

☞ ¿Está usted comprometido a compartir con su hijo lo que Dios ha hecho en su vida y lo que Él promete hacer en la vida de él?

☞ ¿Está usted comprometido para entrenar a su hijo en el camino que debe seguir al enseñarle los mandamientos de Dios para su vida?

La Crianza con Propósito
Representando a Dios Padre en la Paternidad
La Provisión Paternal

Preparación para una Familia Cristiana

1. ¿Cuáles son algunas maneras en que usted puede ser un buen ejemplo para su hijo por amar y temer a Dios?
    a. _____
    b. _____
    c. _____
    d. _____

2. ¿Cuáles son algunos principios importantes de la Biblia que usted puede enseñarle a su hijo?
    a. _____
    b. _____
    c. _____
    d. _____

3. ¿Cuáles son algunas maneras en que usted puede compartir las Escrituras y las verdades acerca de Dios con su hijo a través de cada día?
    a. _____
    b. _____
    c. _____
    d. _____

La Crianza con Propósito
Representando a Dios Padre en la Paternidad
La Provisión Paternal

Edificar un Hogar Centrado en Dios
Deuteronomio 5:1-7:26

TODO el Tiempo — **En CUALQUIER Lugar**

Consistencia
Deut. 7:1-11

9 Conoce, pues,
que Jehová tu Dios es Dios, Dios fiel,
que guarda el pacto y la misericordia a los que le aman
y guardan sus mandamientos, hasta mil generaciones;

Enseñanza y Expectativas Adecuadas
Deut. 5:23-31, 6:1-14, 20-23
(Basada en la edad, la capacidad, circunstancia, etc.)

Deuteronimio 6:5-9

Y amarás a Jehová tu Dios de todo tu corazón,
y de toda tu alma, y con todas tus fuerzas.
Y estas palabras que yo te mando hoy,
estarán sobre tu corazón;
y las repetirás a tus hijos,
y hablarás de ellas estando en tu casa,
y andando por el camino,
y al acostarte,
y cuando te levantes.
Y las atarás como una señal en tu mano,
y estarán como frontales entre tus ojos;
y las escribirás en los postes de tu casa,
y en tus puertas.

Explicación de la Recompensa y el Castigo
Deut. 5:33, 6:3, 6:15-19, 24-25, 7:1-26
(La Bendiciónes para la Obediencia o la Corrección por la desobediencia)

Las Normas Centradas en Dios
Deut. 5:1-22, 6:4-5

5 Y amarás a Jehová tu Dios de todo tu corazón,
y de toda tu alma, y con todas tus fuerzas.

La Crianza con Propósito
Representando a Dios Padre en la Paternidad
La Provisión Paternal

Enseñar el Corazón para Proteger el Alma
Proverbios 4:23
Sobre toda cosa guardada, guarda tu corazón;
Porque de él mana la vida.

Jeremías 17:9
Engañoso es el corazón más que todas las cosas,
y perverso;
¿quién lo conocerá?

Jeremías 17:10
Yo Jehová, que escudriño la mente,
que pruebo el corazón,
para dar a cada uno según su camino,
según el fruto de sus obras.

Salmos 119:9
¿Con qué limpiará el joven su camino?
Con guardar tu palabra.

Salmos 139:23-24
Examíname, oh Dios, y conoce mi corazón;
Pruébame y conoce mis pensamientos;
Y ve si hay en mí camino de perversidad,
Y guíame en el camino eterno.

Romanos 10:10
Porque con el corazón se cree para justicia,
pero con la boca se confiesa para salvación.

Lucas 6:45
El hombre bueno,
del buen tesoro de su corazón saca lo bueno;
y el hombre malo,
del mal tesoro de su corazón saca lo malo;
porque de la abundancia del corazón habla la boca.

Salmos 119:11
En mi corazón he guardado tus dichos,
Para no pecar contra ti.

La Crianza con Propósito
Representando a Dios Padre en la Paternidad
La Provisión Paternal

Crianza de los Hijos para la Vida Adulta

Proverbios 22:6
Instruye al niño en su camino,
Y aun cuando fuere viejo no se apartará de él.

Una persona que es mentalmente, físicamente, socialmente y espiritualmente madura no lo es porque haya nacido así, sino es debido que fue entrenada. Los padres tienen el privilegio y la responsabilidad de ser la fuente principal de Dios de que la formación, para su hijo, a través de la disciplina y la amonestación bíblica.

Efesios 6:4
Y vosotros, padres, no provoquéis a ira a vuestros hijos,
sino criadlos en disciplina y amonestación del Señor.

La meta de cada padre cristiano por su hijo debe ser de que él madure adecuadamente en cada área de su vida y de que verdaderamente va a representar a Dios Padre al mundo que le rodea (Lucas 2:52). En Tito 2:2-8 el apóstol Pablo ofrece una descripción de cómo una persona joven madura y adulta viviría en este mundo actual.

Tito 2:1, 11-13
Pero tú habla lo que está de acuerdo con la sana doctrina.
Porque la gracia de Dios se ha manifestado para salvación
a todos los hombres,
enseñándonos que,
renunciando a la impiedad y a los deseos mundanos,
vivamos en este siglo sobria, justa y piadosamente,
aguardando la esperanza bienaventurada
y la manifestación gloriosa
de nuestro gran Dios y Salvador Jesucristo,

La Crianza con Propósito
Representando a Dios Padre en la Paternidad
La Provisión Paternal

El Creyente Maduro
Tito 2:2-8

La Jovencita

Amar a su marido
Amar a sus hijos
Prudente
Casta
Cuidadosa de su casa
Buena
Sujeta a su marido

La Dama

Reverente en su porte
No calumniadora
No esclava del vino
Maestra del bien

... para que la palabra de Dios no sea blasfemada.

El Jovencito

Prudente
Mostrando integridad
Mostrando seriadad
Palabras sanas

El Caballero

Sobrio
Serio
Prudente
Sano en la fe
Sano en el amor
Sano en la paciencia

*... de modo que el adversario se avergüence,
y no tenga nada malo que decir de vosotros.*

La Crianza con Propósito
Representando a Dios Padre en la Paternidad
La Provisión Paternal

Entrenamiento para Madurez

Debido a que la madurez no es de nacimiento, sino que fue por enseñanza, es importante empezar temprano.

	Madurez Física	Madurez Mental	
		Madurez Social	Madurez Espiritual
Infancia (Obediencia)	No escupir o tirar comida	No tocar las cosas que no son suyas	No pegar o halar el pelo
Niñito (Utilidad)	Ayudar a recoger los juguetes	Compartir juguetes y jugar con los demás	Quedarse quieto y permanecer dentro de los límites
Elemental (Auto control)	Enderezar el dormitorio	Controlar las emociones (ira, excitación, etc.)	Aprender historias de la Biblia y versos de memoria
Pre-adolescente (Humildad)	Ayudar con las tareas del hogar	Humildemente preferir a los demás por ser amable y respetuoso	Comenzar a participar en ministerios de la iglesia simples
Adolescente (Servidor)	Responsable de tareas específicas y ayudar con los proyectos	Elegir y mantener buenas amistades y ser obedientes a la autoridad	Sirvir como ayudante en la iglesia y ayudar a los demás
Adulto (Ejemplo)	Trabajar para abastecer adecuadamente a la familia	Mantener a la familia y amistades Cristiano	Servir y enseñar en la iglesia

La Crianza con Propósito
Representando a Dios Padre en la Paternidad
La Provisión Paternal

Tres Etapas de la Madurez Espiritual

I Juan 2:12-14
Os escribo a vosotros, hijitos,
porque vuestros pecados os han sido perdonados
por su nombre.
Os escribo a vosotros, padres,
porque conocéis al que es desde el principio.
Os escribo a vosotros, jóvenes,
porque habéis vencido al maligno.
Os escribo a vosotros, hijitos,
porque habéis conocido al Padre.
Os he escrito a vosotros, padres,
porque habéis conocido al que es desde el principio.
Os he escrito a vosotros, jóvenes,
porque sois fuertes, y la palabra de Dios permanece en vosotros,
y habéis vencido al maligno.

Niño
Simplicidad Espiritual
Perdonado de su picado
y empezando el conocimiento de Dios el Padre

Joven
Actividad Espiritual
Ganando victorias espirituales a través de su fuerza espiritual
por la por la palabra de Dios

Padre
Experiencia Espiritual
Conocimiento de Dios el Padre
a través de conocer y experimentar Su grandeza

La Crianza con Propósito
Representando a Dios Padre en la Paternidad
La Provisión Paternal

Tres Eminencias de la Madurez

I Corintios 13:11
Cuando yo era niño,
hablaba como niño,
pensaba como niño,
juzgaba como niño;
mas cuando ya fui hombre,
dejé lo que era de niño.

Palabras Maduras
El habla infantil se debe cambiar
a una conversación adulta
Efesios 4:6, 27, Colosenses 3:8-9

Entendimientos Maduros
El aprendizaje e el interés infantil se debe cambiar
a un conocimiento y una sabiduría adulto
II Timoteo 2:22-23

Pensamientos Madures
El pensamiento y la evacuación infantil se debe cambiar
a una concentración adulta
Filipenses 4:8, I Pedro 1:13-16

La Crianza con Propósito
Representando a Dios Padre en la Paternidad
La Provisión Paternal

El Camino a la Madurez

Proverbios 3:1-4
Hijo mío, no te olvides de mi ley,
Y tu corazón guarde mis mandamientos;
Porque largura de días y años de vida
Y paz te aumentarán.
Nunca se aparten de ti la misericordia y la verdad;
Atalas a tu cuello, Escríbelas en la tabla de tu corazón;
Y hallarás gracia y buena opinión
Ante los ojos de Dios y de los hombres.

Samuel		
I Samuel 2:26 *Y el joven Samuel iba creciendo, y era acepto delante de Dios y delante de los hombres.*		
Adulto (30+/- años)	I Samuel 7:1-3	Representa y proclama la Palabra de Dios
Adolescente	I Samuel 3:19-21	Recibe la presencia de Dios y Guarda Su Palabra
Niño (4-? años)	I Samuel 2:18-19, 26, 3:1-10	Sirviendo a Dios y obediente a la autoridad
Bebé (0-3 años)	I Samuel 1:20-28	Dedicado a Dios por sus padres

La Crianza con Propósito
Representando a Dios Padre en la Paternidad
La Provisión Paternal

	Jesucristo **Lucas 2:52** *Y Jesús crecía en sabiduría y en estatura,* *y en gracia para con Dios y los hombres.*	
Adulto (30-33 años)	Lucas 3:21-23, 4:1-15	Obediente a Dios el Padre, dirigido por el Espíritu, rechazando las tentaciones de Satanás, enseñando públicamente la Palabra de Dios
Adolescente (12-29 años)	Lucas 2:41-52	Trabaja en la obra de Dios a través de proclamar Su Palabra mientras sujetándose a la autoridad parental
Niño (3-12 años)	Mateo 2:1-23 Lucas 2:40	Fuerte en espíritu, sabio, y recibiendo la gracia de Dios
Bebe (8 días)	Lucas 2:22-39	Dedicado a Dios por sus padres

La Crianza con Propósito
Representando a Dios Padre en la Paternidad
La Provisión Paternal

Instrucción Paternal del Rey Salomón a través de Proverbios "Hijo Mio"

Proverbios 1:8-9
Oye, **hijo mío**, la instrucción de tu padre,
Y no desprecies la dirección de tu madre;
Porque adorno de gracia serán a tu cabeza,
Y collares a tu cuello.

Proverbios 1:10
Hijo mío, si los pecadores te quisieren engañar,
No consientas.

Proverbios 1:15-16
Hijo mío, no andes en camino con ellos.
Aparta tu pie de sus veredas,
Porque sus pies corren hacia el mal,
Y van presurosos a derramar sangre.

Proverbios 2:1-5
Hijo mío, si recibieres mis palabras,
Y mis mandamientos guardares dentro de ti,
Haciendo estar atento tu oído a la sabiduría;
Si inclinares tu corazón a la prudencia,
Si clamares a la inteligencia,
Y a la prudencia dieres tu voz;
Si como a la plata la buscares,
Y la escudriñares como a tesoros,
Entonces entenderás el temor de Jehová,
Y hallarás el conocimiento de Dios.

Proverbios 3:1-2
Hijo mío, no te olvides de mi ley,
Y tu corazón guarde mis mandamientos;
Porque largura de días y años de vida Y paz te aumentarán.

La Crianza con Propósito
Representando a Dios Padre en la Paternidad
La Provisión Paternal

Proverbios 3:11-12
No menosprecies, **hijo mío**, el castigo de Jehová,
Ni te fatigues de su corrección;
Porque Jehová al que ama castiga,
Como el padre al hijo a quien quiere.

Proverbios 3:21
Hijo mío, no se aparten estas cosas de tus ojos;
Guarda la ley y el consejo,

Proverbios 4:10
Oye, **hijo mío**, y recibe mis razones,
Y se te multiplicarán años de vida.

Proverbios 4:20-22
Hijo mío, está atento a mis palabras;
Inclina tu oído a mis razones.
No se aparten de tus ojos;
Guárdalas en medio de tu corazón;
Porque son vida a los que las hallan,
Y medicina a todo su cuerpo.

Proverbios 5:1-2
Hijo mío, está atento a mi sabiduría,
a mi inteligencia inclina tu oído,
Para que guardes consejo,
Y tus labios conserven la ciencia.

Proverbios 5:20-21
¿Y por qué, **hijo mío**, andarás ciego con la mujer ajena,
abrazarás el seno de la extraña?
Porque los caminos del hombre están
ante los ojos de Jehová,
Y él considera todas sus veredas.

La Crianza con Propósito
Representando a Dios Padre en la Paternidad
La Provisión Paternal

Proverbios 6:1-5
Hijo mío, si salieres fiador por tu amigo,
Si has empeñado tu palabra a un extraño,
Te has enlazado con las palabras de tu boca,
Y has quedado preso en los dichos de tus labios.
Haz esto ahora, **hijo mío**, y líbrate,
Ya que has caído en la mano de tu prójimo;
Ve, humíllate, y asegúrate de tu amigo.
No des sueño a tus ojos,
Ni a tus párpados adormecimiento;
Escápate como gacela de la mano del cazador,
Y como ave de la mano del que arma lazos.

Proverbios 6:20-22
Guarda, **hijo mío**, el mandamiento de tu padre,
Y no dejes la enseñanza de tu madre;
Atalos siempre en tu corazón, Enlázalos a tu cuello.
Te guiarán cuando andes; cuando duermas te guardarán;
Hablarán contigo cuando despiertes.

Proverbios 7:1-3
Hijo mío, guarda mis razones,
Y atesora contigo mis mandamientos.
Guarda mis mandamientos y vivirás,
Y mi ley como las niñas de tus ojos.
Lígalos a tus dedos;
Escríbelos en la tabla de tu corazón.

Proverbios 19:27
Cesa, **hijo mío**, de oír las enseñanzas
Que te hacen divagar de las razones de sabiduría.

Proverbios 23:15
Hijo mío, si tu corazón fuere sabio,
También a mí se me alegrará el corazón;

La Crianza con Propósito
Representando a Dios Padre en la Paternidad
La Provisión Paternal

Proverbios 23:19
Oye, **hijo mío**, y sé sabio,
Y endereza tu corazón al camino.

Proverbios 23:26
Dame, **hijo mío**, tu corazón,
Y miren tus ojos por mis caminos.

Proverbios 24:13-14
Come, **hijo mío**, de la miel, porque es buena,
Y el panal es dulce a tu paladar.
Así será a tu alma el conocimiento de la sabiduría;
Si la hallares tendrás recompensa,
Y al fin tu esperanza no será cortada.

Proverbios 24:21-22
Teme a Jehová, **hijo mío**, y al rey;
No te entremetas con los veleidosos;
Porque su quebrantamiento vendrá de repente;
Y el quebrantamiento de ambos,
¿quién lo comprende?

Proverbios 27:11
Sé sabio, **hijo mío**, y alegra mi corazón,
Y tendré qué responder al que me agravie.

Proverbios 31:2-5
¿Qué, **hijo mío**?
¿y qué, hijo de mi vientre?
¿Y qué, hijo de mis deseos?
No des a las mujeres tu fuerza,
Ni tus caminos a lo que destruye a los reyes.
No es de los reyes, oh Lemuel,
no es de los reyes beber vino,
Ni de los príncipes la sidra;
No sea que bebiendo olviden la ley,
Y perviertan el derecho de todos los afligidos.
*De la madre de Lemuel

Representando a Dios Padre en la Paternidad
Parte #3

La Corrección Paternal

Capítulo 6

Representando a Dios Padre en la Paternidad
Parte #3

La Corrección Paternal

Dios Padre es santo, y Él desea que sus hijos sean "*... hijos obedientes, ...santos en toda vuestra manera de vivir; porque escrito está: Sed santos, porque yo soy santo*" (I Pedro 1:14-16). El deseo de Dios para que sus hijos sean santos se basa en el amor, porque Él sabe que "*los deleites [son] temporales del pecado,*" y que "*... el pecado, siendo consumado, da a luz la muerte*" (Santiago 1:15, Hebreos 11:25). Por esta razón, Él causa el dolor temporal en Su amor a través de la corrección con el fin de guiar a sus hijos a estar alejados del pecado y su devastación. Dios anima a los creyentes a confrontar a los que caen en el pecado diciendo, "*Hermanos, si alguno de entre vosotros se ha extraviado de la verdad, y alguno le hace volver, sepa que el que haga volver al pecador del error de su camino, salvará de muerte un alma, y cubrirá multitud de pecados*" (Santiago 5:19-20). Cuando uno de los niños peque contra Dios y esté en necesidad de ayuda, Isaías 59:1-2 dice, "*He aquí que no se ha acortado la mano de Jehová para salvar, ni se ha agravado su oído para oír; pero vuestras iniquidades han hecho división entre vosotros y vuestro Dios, y vuestros pecados han hecho ocultar de vosotros su rostro para no oír.*" Dios tiene que tomar medidas correctivas en sus hijos cuando hayan roto la relación entre padre e hijo a través de la desobediencia para que Él una vez más pueda proteger y proveer para ellos.

Dios desea que cada uno de sus hijos responda correctamente a Su corrección. El rey Salomón animó a su hijo cuando dijo, "*No menosprecies, hijo mío, el castigo de Jehová, Ni te fatigues de su corrección; Porque Jehová al que ama castiga, Como el*

La Crianza con Propósito
Representando a Dios Padre en la Paternidad
La Corrección Paternal

padre al hijo a quien quiere" (Proverbios 3:11-12). Hebreos 12:5-15 repite las instrucciones del rey Salomón y añade más por haciendo una conexión específica de la corrección de Dios Padre a sus hijos y la corrección de un padre humano a su hijo.

La Palabra de Dios es muy clara en cuanto a cómo los niños deben responder a la corrección adecuada en Hebreos 12:5-6, diciendo, "*... Hijo mío, no menosprecies la disciplina del Señor, Ni desmayes cuando eres reprendido por él; Porque el Señor al que ama, disciplina, Y azota a todo el que recibe por hijo*" (Hebreos 12:5-6). Aunque la corrección no es agradable, los niños nunca deben menospreciarla ni tratarla con indiferencia por considerarla como una falta de importancia o valor. Tampoco se deben desmayar ni estar débiles o ser desalentados y descorazonados por la misma. La corrección de los padres es importante en la vida de un niño con el fin de protegerlo y guiarlo a través de su vida.

Cada niño puede obtener una comprensión clara de cómo Dios desea la santidad y cómo Él corrige la falta de la misma por la forma en que sus padres corrigen la desobediencia. Tristemente, muchos niños crecen a la edad adulta y no entienden la corrección de Dios Padre, porque sus padres no los habían corregido correctamente.

Corrección Bíblica está Basada en el Amor Bíblico
Hebreos 12:6

El amor perfecto e interminable de Dios para con Sus hijos lo motiva a ser observador de sus vidas y corregirlos cuando sus decisiones los lleven al pecado. Él sabe que "*... la paga del pecado es muerte...*" y que le es necesario corregirlos para que no se sigan dañándose a sí mismos y aquellos alrededor de ellos (Romanos 6:23). Por esta razón Hebreos 12:6 dice, "*Porque el Señor al que ama, disciplina, Y azota a todo el que recibe por hijo.*"

La Crianza con Propósito
Representando a Dios Padre en la Paternidad
La Corrección Paternal

Los padres cristianos deben seguir el ejemplo del amor de Dios Padre. Deben estar atentos a las palabras, acciones, y actitudes de sus hijos así como ser conocedor de las Escrituras, para que puedan "*... el discernimiento del bien y del mal*" (Hebreos 5:12-14). Continuamente deben corregir con amor las cosas que son contrarias a las Escrituras para que su hijo pueda aprender los límites de protección de la santidad de Dios (véase II Timoteo 3:16-17).

La corrección de amor nunca será abusiva porque "*El amor no hace mal al prójimo...*" porque bíblicamente "*El amor es sufrido, es benigno; el amor no tiene envidia, el amor no es jactancioso, no se envanece; no hace nada indebido, no busca lo suyo, no se irrita, no guarda rencor; no se goza de la injusticia, mas se goza de la verdad. Todo lo sufre, todo lo cree, todo lo espera, todo lo soporta.*" (Romanos 13:10, I Corintios 13:4-7). Pero el amor bíblico no es permisivo. Proverbios 13:24 lo dice de esta manera, "*El que detiene el castigo, a su hijo aborrece; Mas el que lo ama, desde temprano lo corrige.* Cuando los padres dicen que aman a sus hijos pero no siguen el ejemplo de la corrección de Dios Padre, en realidad aborrecen o hacen de su hijo un enemigo y provocan a sus hijos "*a ira*" en lugar de criadlo "*en disciplina [corrección] y amonestación [advertencia] del Señor*" (Efesios 6:4). Ellos no están protegiendo a su hijo de los peligros físicos ni espirituales del pecado.

☞¿Está usted comprometido en corregir a su hijo con amor?

Corrección Bíblica es Constante
Hebreos 12:6b

La corrección de Dios Padre por el pecado de la humanidad es consistente. Hebreos 12:6 dice, "*Porque el Señor al que ama, disciplina, Y azota a todo el que recibe por hijo.*" Cada uno de

La Crianza con Propósito
Representando a Dios Padre en la Paternidad
La Corrección Paternal

los hijos de Dios que Él ama recibe Su castigo. El castigo por el pecado del hombre comenzó en el Huerto del Edén con Adán y Eva, y terminará en el Gran Juicio del Trono Blanco al final de este mundo (véase Génesis 3:9-19, Apocalipsis 20:11-15). I Pedro 1:17, al hablar acerca de Dios Padre, dice, *"aquel que sin acepción de personas juzga según la obra de cada uno, conducíos en temor todo el tiempo de vuestra peregrinación."* Dios Padre ofrece la salvación y el perdón por los pecados de la humanidad a través de *"... abogado tenemos para con el Padre, a Jesucristo el justo"* (I Juan 2:1). Dios Padre no ignora el pecado, sino más bien acepta a Jesucristo como *"la propiciación por nuestros pecados; y no solamente por los nuestros, sino también por los de todo el mundo"* (I Juan 2:2). *"No os engañéis; Dios no puede ser burlado: pues todo lo que el hombre sembrare, eso también segará. Porque el que siembra para su carne, de la carne segará corrupción; mas el que siembra para el Espíritu, del Espíritu segará vida eterna."* (Gálatas 6:7-8). Dios el Padre corrige a cada persona de acuerdo a cada una de sus palabras, acciones, o actitudes (véase Eclesiastés 12:13-14).

Los padres cristianos deben practicar la consistencia de Dios Padre en la corrección. Las reglas y los castigos establecidos por los padres deben mantenerse en todo momento por todos sus hijos. Cuando los padres cristianos presenten a su hijo las reglas y el castigo para el frenado de esas reglas no deberían tener que hacer amenazas adicionales (véase Santiago 5:12). El hijo debe entender que mamá y papá van a cumplir con sus palabras, y que la corrección se llevará a cabo si hay desobediencia. Dios dice, *"No rehúses corregir al muchacho; Porque si lo castigas con vara, no morirá. Lo castigarás con vara, Y librarás su alma del Seol"* (Proverbios 23:13-14). Los padres deben *"Castiga a tu hijo en tanto que hay esperanza; Mas no se apresure tu alma para destruirlo"* (Proverbios 19:18). El rey Salomón dijo, *"Por cuanto no se ejecuta luego sentencia sobre la mala obra, el corazón de los hijos de los hombres está en ellos dispuesto para hacer el mal"* (Eclesiastés 8:11). Y Proverbios 29:15 advierte a los padres que, *"La vara y la corrección dan sabiduría; Mas el muchacho consentido avergonzará a su madre."*

☞ ¿Está usted comprometido en corregir constantemente a su hijo?

Corrección Bíblica Prueba una Relación Familiar
Hebreos 12:7-8

La corrección de Dios Padre por sus hijos es prueba de que son parte de Su familia. Hebreos 12:7-8 establece esta verdad diciendo, *"Si soportáis la disciplina, Dios os trata como a hijos; porque ¿qué hijo es aquel a quien el padre no disciplina? Pero si se os deja sin disciplina, de la cual todos han sido participantes, entonces sois bastardos, y no hijos."* Dios Padre centra su corrección en Sus propios hijos como un padre humano centra su corrección en su hijo. En el Antiguo Testamento Moisés les instruye al pueblo de Israel diciendo, *"Reconoce asimismo en tu corazón, que como castiga el hombre a su hijo, así Jehová tu Dios te castiga. Guardarás, pues, los mandamientos de Jehová tu Dios, andando en sus caminos, y temiéndole"* (Deuteronomio 8:5-6). Dios Padre le dijo a David que él trataría a Salomón, el hijo de David, como Su propio hijo. Él dijo, *"Yo le seré a él padre, y él me será a mí hijo. Y si él hiciere mal, yo le castigaré con vara de hombres, y con azotes de hijos de hombres; pero mi misericordia no se apartará de él..."* (II Samuel 7:14-15). Dios ha disciplinado consistentemente de Sus hijos. Él nunca ha tratado a Sus hijos como ilegítimos (bastardos) y Él es el ejemplo perfecto para todos los padres de la corrección paternal.

Los padres cristianos deben aceptar su papel, dado por Dios, para ejercer la disciplina en la vida de su hijo (véase Deuteronomio 21:18-21). Los cristianos no deben seguir el ejemplo de Elí, el sumo sacerdote, por tan sólo hablar con sus

La Crianza con Propósito
Representando a Dios Padre en la Paternidad
La Corrección Paternal

hijos sobre el pecado, pero no tomó medidas correctivas para detener su pecado (véase I Samuel 2:12-17, 22-25, 27-36). En I Samuel 3:13 Dios le habló a Samuel acerca de Elí y sus malvados hijos, y dijo, *"Y le mostraré que yo juzgaré su casa para siempre, por la iniquidad que él sabe; porque sus hijos han blasfemado a Dios, y él no los ha estorbado."* Si los padres cristianos descuidan esta responsabilidad están tratando a su hijo como a un ilegítimo y están preparándolo para el juicio de Dios.

Los padres cristianos deben aceptar su autoridad y responsabilidad, dada por Dios, para refrenar a sus hijos a través de la corrección bíblica. Ellos no deben esperar que los vecinos, maestros, pastores, policía, etc. cumplan con su responsabilidad. Ellos deben aceptar que *"El hijo sabio alegra al padre, Pero el hijo necio es tristeza de su madre."* (Proverbios 10:1). Que *"La vara y la corrección dan sabiduría..."* y que *"La necedad está ligada en el corazón del muchacho; Mas la vara de la corrección la alejará de él."* (Proverbios 22:15, 29:15).

☞¿Está usted comprometido en demostrar su relación paternal por corregirlo correctamente?

Corrección Bíblica Desarrolla Respecto
Hebreos 12:9

La corrección de Dios Padre para sus hijos los lleva a estar más cerca de Él y produce un temor respetuoso para Él. Hebreos 12:9 presenta esta verdad cuando dice, *"Por otra parte, tuvimos a nuestros padres terrenales que nos disciplinaban, y los venerábamos. ¿Por qué no obedeceremos mucho mejor al Padre de los espíritus, y viviremos?"* La corrección paternal ayuda al hijo a tener reverencia o respeto por sus padres y a mantenerse en sujeción o sumisión a la autoridad de sus padres al igual que él debe respetar y someterse a la autoridad de Dios

La Crianza con Propósito
Representando a Dios Padre en la Paternidad
La Corrección Paternal

Padre. II Crónicas 33:9-13 ilustra la necesidad y el resultado de la corrección de Dios Padre para Su pueblo cuando continúa en el pecado al presentar la historia del Rey Manasés. Dice, *"Manasés, pues, hizo extraviarse a Judá y a los moradores de Jerusalén, para hacer más mal que las naciones que Jehová destruyó delante de los hijos de Israel. Y habló Jehová a Manasés y a su pueblo, mas ellos no escucharon; por lo cual Jehová trajo contra ellos los generales del ejército del rey de los asirios, los cuales aprisionaron con grillos a Manasés, y atado con cadenas lo llevaron a Babilonia. Mas luego que fue puesto en angustias, oró a Jehová su Dios, humillado grandemente en la presencia del Dios de sus padres. Y habiendo orado a él, fue atendido; pues Dios oyó su oración y lo restauró a Jerusalén, a su reino. Entonces reconoció Manasés que Jehová era Dios."*

El rey de Judá, Manasés, había llevado a este pueblo al pecado y Dios buscó corregir sus pecados al suplicarle a ellos con palabras amables. Pero cuando se negaron a ser corregidos, Dios proveyó la corrección física a través de la cautividad en Babilonia, para que Manasés *"oró [orara] a Jehová su Dios, humillado grandemente en la presencia del Dios de sus padres. Y habiendo orado a él, fue atendido; pues Dios oyó su oración y lo restauró a Jerusalén, a su reino. Entonces reconoció Manasés que Jehová era Dios"* (II Crónicas 33:12-13). Únicamente a través de la corrección física fue que el Rey Manasés recordaba su necesidad de respetar a Dios. Dios el Padre no quería traer la corrección física pero era necesario para que el Rey Manasés no continuara rebelándose contra la autoridad de Dios. El Rey Nabucodonosor también provee una ilustración clara de la necesidad y los resultados del castigo de Dios a los que están en pecado. Él se había convertido en orgullo de su reino y poder, y Daniel le rogó, diciendo, *"Por tanto, oh rey, acepta mi consejo: tus pecados redime con justicia, y tus iniquidades haciendo misericordias para con los oprimidos, pues tal vez será eso una prolongación de tu tranquilidad"* (Daniel 4:27). Pero el Rey Nabucodonosor tenía que experimentar la corrección física

La Crianza con Propósito
Representando a Dios Padre en la Paternidad
La Corrección Paternal

de Dios al hacerlo vivir como una bestia del campo por siete años antes que él se humille (véase Daniel 4:28-33). *"Mas al fin del tiempo [del castigo de Dios] yo Nabucodonosor alcé mis ojos al cielo, y mi razón me fue devuelta; y bendije al Altísimo, y alabé y glorifiqué al que vive para siempre, cuyo dominio es sempiterno, y su reino por todas las edades. Todos los habitantes de la tierra son considerados como nada; y él hace según su voluntad en el ejército del cielo, y en los habitantes de la tierra, y no hay quien detenga su mano, y le diga: ¿Qué haces"* (Daniel 4:34-35)? La corrección de Dios al Rey Nabucodonosor fue severa y se prolongó por largo tiempo, pero produjo la humildad al Rey y lo motivó a alabar y honrar a Dios correctamente.

Los padres cristianos no deben disfrutar el proceso de corrección en su hijo pero sí deben entender que se requiere la misma, si van a orientarlo adecuadamente para conocer y obedecer a Dios Padre y protegerlo de Su castigo. *"Porque Dios mandó diciendo: Honra a tu padre y a tu madre; y: El que maldiga al padre o a la madre, muera irremisiblemente"* (Mateo 15:4). Y Proverbios 30:17 avisa que *"El ojo que escarnece a su padre Y menosprecia la enseñanza de la madre, Los cuervos de la cañada lo saquen, Y lo devoren los hijos del águila."* Los padres cristianos deben entender que su hijo debe mostrar un espíritu humilde después de la corrección y que siendo la misma adecuada siempre va a mejorar la relación entre padres e hijos en lugar de destruirla. A través de la obediencia de su hijo en honrar a sus padres, Dios ofrece una promesa *"que tus días se alarguen en la tierra que Jehová tu Dios te da"* (Éxodo 20:12, Efesios 6:1-3).

☞ ¿Entiende usted que su corrección producirá una respetuosidad bíblica en su hijo?

La Crianza con Propósito
Representando a Dios Padre en la Paternidad
La Corrección Paternal

Corrección Bíblica Produce la Justicia
Hebreos 12:10-11

La corrección de Dios el Padre a sus hijos siempre tiene el propósito de eliminar el pecado y reemplazarlo por la santidad. Dios Padre corrige a sus hijos *"para lo que nos [ellos] es provechoso, para que participemos [participen] de su santidad...[que] después da fruto apacible de justicia a los que en ella han sido ejercitados"* (Hebreos 12:10-11). El pecado de David con Betsabé era una vergüenza, pero después que Dios lo corrigió, David dijo, *"Porque de día y de noche se agravó sobre mí tu mano; Se volvió mi verdor en sequedades de verano. Mi pecado te declaré, y no encubrí mi iniquidad. Dije: Confesaré mis transgresiones a Jehová; Y tú perdonaste la maldad de mi pecado"* (Salmos 32:4-5). La corrección de Dios ayudó al Rey David a reconocer su pecado, dejar de encubrir su pecado al confesarlo, y finalmente ser perdonado. El pecado del Rey David mereció la corrección de Dios para que él pudiera volver a experimentar un corazón puro. Y por lo que dijo a Dios: *"Lávame más y más de mi maldad, Y límpiame de mi pecado. Porque yo reconozco mis rebeliones, Y mi pecado está siempre delante de mí. Contra ti, contra ti solo he pecado, Y he hecho lo malo delante de tus ojos; ...He aquí, tú amas la verdad en lo íntimo, Y en lo secreto me has hecho comprender sabiduría. Purifícame con hisopo, y seré limpio; Lávame, y seré más blanco que la nieve"* (Salmos 51:2-7). Dios Padre no quiere que sus hijos vivan continuamente con la vergüenza y la tristeza de su pecado. Por lo tanto, Él amorosamente lo corrige para que una vez más puedan disfrutar del *"fruto apacible de justicia"* (Hebreos 12:11).

Los padres Cristianos deben tener el objetivo de guiar a su hijo a tener una vida recta para corregir sus injusticias. Deben seguir el ejemplo de Dios el Padre de abordar específicamente y con misericordia toda desobediencia a través de la corrección Bíblica con la finalidad de que su hijo reconocerá, revelará, confesará y recibirá el perdón de sus pecados (Véase I Juan 1:9).

La Crianza con Propósito
Representando a Dios Padre en la Paternidad
La Corrección Paternal

Los padres Cristianos deben utilizar la corrección como parte de la formación de su hijo, mientras que se confíen en la promesa de Dios que se encuentra en Proverbios 22:6, que dice, *"Instruye al niño en su camino, Y aun cuando fuere viejo no se apartará de él."*

Jesucristo ilustra la corrección amorosa de Dios el Padre que produce una vida correcta en la parábola del hijo pródigo. Aunque el hijo menor se rebeló contra su padre y desperdició su herencia por vivir para sí mismo, su padre nunca lo rescató cuando salía con toda su herencia y *"desperdició sus bienes viviendo perdidamente. Y cuando todo lo hubo malgastado... fue y se arrimó a uno de los ciudadanos de aquella tierra, el cual le envió a su hacienda para que apacentase cerdos"* (Lucas 15:13-15). El padre esperó pacientemente hasta que el hijo *"volviendo en sí,"* se arrepintiera de su pecado, y de estar dispuesto a vivir humildemente y obedientemente como uno de los criados de su padre (véase Lucas 15:17). Dios el Padre no rescata de inmediato a sus hijos rebeldes, cuando su pecado haya causado dolor, sino espera hasta que ellos vuelven en arrepentimiento. Así que los padres sabiamente no deben rescatar a su hijo de las penas del pecado hasta que haya un verdadero arrepentimiento y dedicación a vivir en justicia.

☞¿Entiende usted que su corrección ayudará a producir una vida justa para su hijo?

Corrección Bíblica Produce Tristeza
Hebreos 12:11

La corrección de Dios Padre para sus hijos trae dolor y sufrimiento a sus vidas, pero el dolor y el sufrimiento es temporal si hay arrepentimiento y restauración. Hebreos 12:11 es muy claro, *"Es verdad que ninguna disciplina al presente parece ser causa de gozo, sino de tristeza; pero después da fruto apacible*

La Crianza con Propósito
Representando a Dios Padre en la Paternidad
La Corrección Paternal

de justicia a los que en ella han sido ejercitados." El Rey David describió la corrección de Dios por su pecado al decir, *"Porque de día y de noche se agravó sobre mí tu mano..."* (Salmos 32:4). Hebreos 10:31, mientras habla de la corrección de los hijos de Dios, dice, *"¡Horrenda cosa es caer en manos del Dios vivo!"* Dios Padre es Dios de amor y Su amor demanda corrección veloz y potente de todos aquellos que se rebelarían contra Él y en la protección de Su Palabra y voluntad. Y la corrección de Dios Padre siempre mantiene el mejor interés del recipiente en mente. Los padres cristianos deben representar la corrección veloz y potente de Dios Padre en su hijo para bíblicamente confrontar todas las desobediencias con la corrección adecuada. Ellos deben recordar que *"La reconvención es molesta al que deja el camino..."* (Proverbios 15:10). Pero deben aceptar su responsabilidad de ayudar a su hijo a ser sabio a través de su corrección. Para *"La necedad está ligada en el corazón del muchacho; Mas la vara de la corrección la alejará de él"* (Proverbios 22:15). Proverbios 9:8-10 alienta la corrección de los padres al decir, *"... Corrige al sabio, y te amará. Da al sabio, y será más sabio; Enseña al justo, y aumentará su saber. El temor de Jehová es el principio de la sabiduría, Y el conocimiento del Santísimo es la inteligencia."*

Los padres cristianos deben estar dispuestos a que causen tristeza a corto plazo con el fin de producir el arrepentimiento a largo plazo. *"Porque la tristeza que es según Dios produce arrepentimiento para salvación, de que no hay que arrepentirse; pero la tristeza del mundo produce muerte"* (II Corintios 7:10). El propósito de la corrección de los padres no es conformar al hijo a una lista de normas específicas hechas por el hombre, sino para orientar el corazón del niño a seguir humildemente la santidad de Dios Padre y aprender como arrepentirse correctamente cuando él peque contra Dios. Si la corrección de los padres no produce dolor, entonces el hijo no va a entender el significado de su desobediencia y no va a arrepentirse de sus pecados.

La Crianza con Propósito
Representando a Dios Padre en la Paternidad
La Corrección Paternal

Las palabras utilizadas en Hebreos 12:5-14 para describir la corrección de Dios Padre (disciplina, reprende, azota) indican la producción del malestar físico o emocional. El Salmista testifica de su propia experiencia con la corrección de Dios por decir, "*Me castigó gravemente JAH, Mas no me entregó a la muerte*" (Salmos 118:18). La corrección paternal debe seguir el ejemplo de Dios Padre para causar dolor (del cuerpo o espíritu), pero que nunca sea extrema o abusiva. Por esta razón, Proverbios afirma reiteradamente que la "*vara*" u objeto como una pequeña ramita debe ser utilizada para corregir la desobediencia de un niño (véase Proverbios 10:13, 13:24, 22:15, 23:13-14, 26:3, 29:15). Este objeto como la ramita no debe ser grande o lo suficientemente fuerte como para ser utilizado para causar daño permanente. Más bien, el instrumento debe proveer únicamente suficiente molestia para enseñar la lección de lo correcto e incorrecto. Los padres están ordenados a "*No rehúses corregir al muchacho...*" (Proverbios 23:13). Y se les promete que "*... Porque si lo castigas con vara, no morirá. Lo castigarás con vara, Y librarás su alma del Seol*" (Proverbios 23:13-14, véase Proverbios 19:18). Corrección paternal apropiada es cuidadosa y controlada. Nunca destruye al hijo sino que provee un aviso necesario para protegerlo de mayor peligro.

☞¿Entiende usted que su corrección ayudará a producir una vida justa para su hijo?

Corrección Bíblica Resulta en Restauración
Hebreos 12:12-13, 15

Dios Padre no corrige a sus hijos porque disfrute el proceso o porque Él esté enojado con ellos. Él los corrige para poder restaurarlos a una vida justa y de buena comunión con Él. Por esta razón la corrección de Dios Padre no se completa mientras su hijo está sufriendo y con dolores. Él desea ver en sus hijos ser

La Crianza con Propósito
Representando a Dios Padre en la Paternidad
La Corrección Paternal

consolados de su dolor, y comenzar a vivir con la confianza y el compromiso a la obediencia. Hebreos 12:12-13 anima a aquellos que han experimentado la corrección de Dios Padre, diciendo, "*Por lo cual, levantad las manos caídas y las rodillas paralizadas; y haced sendas derechas para vuestros pies, para que lo cojo no se salga del camino, sino que sea sanado.*" Aunque el desánimo y la debilidad física es el producto inicial de la corrección, Dios no quiere que sus hijos continúen en esta condición. Su plan es verlos sanados de la incomodidad que la corrección ha causado y viviendo en obediencia. Pero advierte que para que sus hijos puedan estar correctamente tienen que "*Mirad bien, no sea que alguno deje de alcanzar la gracia de Dios...*" (Hebreos 12:15). Deben aceptar la corrección como parte de la gracia de Dios y depender de la gracia de Dios para ser sanados. Si no se ven como la gracia de Dios, estarán en gran peligro de tener "*alguna raíz de amargura*" en sus vidas que les causaría que "*sean contaminados*" (Hebreos 12:15).

Los padres cristianos deben ofrecer consuelo y tranquilidad a su hijo después de la corrección paternal. Ellos deben ayudar a su hijo a limpiar sus lágrimas, ponerlo de pies, y mostrar una bondad amorosa que ayudará a proteger al niño del resentimiento y la amargura (véase I Tesalonicenses 5:14). Los padres cristianos deben corregir a su hijo con el objetivo simple de la restauración (véase Gálatas 6:1). Ellos constantemente deben esperar para recibir a su hijo en sus brazos amorosos y tranquilizadores como el padre del hijo pródigo quien después que su hijo menor había gastado toda su herencia "*Y volviendo en sí, dije... Me levantaré e iré a mi padre, y le diré: Padre, he pecado contra el cielo y contra ti. Ya no soy digno de ser llamado tu hijo; hazme como a uno de tus jornaleros... Y cuando aún estaba lejos, lo vio su padre, y fue movido a misericordia, y corrió, y se echó sobre su cuello, y le besó. Y ...el padre dijo a sus siervos: Sacad el mejor vestido, y vestidle; y poned un anillo en su mano, y calzado en sus pies. Y traed el becerro gordo y matadlo, y comamos y hagamos fiesta; porque este mi hijo muerto era, y ha revivido;*

La Crianza con Propósito
Representando a Dios Padre en la Paternidad
La Corrección Paternal

se había perdido, y es hallado. Y comenzaron a regocijarse (Lucas 15:17-24). El hijo pródigo había perdido su herencia a causa de su pecado, pero después de recibir su castigo, reconoció su pecado, se arrepintió de este, confesó su pecado, y fue recibido restaurado en una relación de padre e hijo.

☞ ¿Entiende usted que la corrección correcta produce tristeza temporal?

Corrección Bíblica Finaliza con Instrucción Protectora
Hebreos 12:13-15

La corrección de Dios Padre siempre provee instrucción para sus hijos para ayudarlos a evitar que vuelvan a caer en el pecado en el futuro. Hebreos 12:13-15 provee un ejemplo de la instrucción de Dios por decir, *"y haced sendas derechas para vuestros pies, para que lo cojo no se salga del camino, sino que sea sanado. Seguid la paz con todos, y la santidad, sin la cual nadie verá al Señor. Mirad bien, no sea que alguno deje de alcanzar la gracia de Dios; que brotando alguna raíz de amargura, os estorbe, y por ella muchos sean contaminados; no sea que haya algún fornicario, o profano, como Esaú, que por una sola comida vendió su primogenitura."*

La Palabra de Dios está diseñada específicamente para ser el recurso de esa instrucción porque *"Toda la Escritura es inspirada por Dios, y útil para enseñar, para redargüir, para corregir, para instruir en justicia, a fin de que el hombre de Dios sea perfecto, enteramente preparado para toda buena obra"* (II Timoteo 3:16-17). El propósito de la Palabra de Dios es revelar cómo Sus niños deben vivir. Luego es para investigar y confrontar aquellas áreas donde el pecado ha sido cometido y ofrecer la corrección para el mal. Por último, ellos deben *"instruir en justicia"* para ayudar a Sus hijos a vivir

La Crianza con Propósito
Representando a Dios Padre en la Paternidad
La Corrección Paternal

correctamente desde ese día en adelante. Salmos 119:9 pregunta y responde a la pregunta, *"¿Con qué limpiará el joven su camino? Con guardar tu palabra"* Salmos 119:11 a continuación, provee el mejor método para prevenir el pecado en el futuro, diciendo, *"En mi corazón he guardado tus dichos, Para no pecar contra ti."*

Los padres cristianos deben tomar el tiempo para proveer a su hijo la instrucción que él necesita para evitar la desobediencia y la corrección futura (la edad del niño, la comprensión, y las circunstancias pueden afectar la cantidad de instrucción necesaria). Ellos deben decir a su hijo, *"**Guarda, hijo mío, el mandamiento de tu padre, Y no dejes la enseñanza de tu madre; átalos siempre en tu corazón, Enlázalos a tu cuello. Te guiarán cuando andes; cuando duermas te guardarán; Hablarán contigo cuando despiertes. Porque el mandamiento es lámpara, y la enseñanza es luz, Y camino de vida las reprensiones que te instruyen, Para que te guarden de la mala mujer, De la blandura de la lengua de la mujer extraña**"* (Proverbios 6:20-24). Instrucción paternal basada en la Palabra de Dios después de la corrección ayuda a prevenir la desobediencia futura y la necesidad de corrección más dura.

☞¿Está usted comprometido en restaurar su relación con su hijo después de su corrección?

La Crianza con Propósito
Representando a Dios Padre en la Paternidad
La Corrección Paternal

Preparación para una Familia Cristiana

1. ¿Qué dice la Biblia muestra la corrección paternal? (Hebreos 12:6-8)
   a. _____
   b. _____

2. ¿Cuáles son algunas de las razones por las que los padres no son constantes en su corrección?
   a. _____
   b. _____
   c. _____
   d. _____

3. ¿Cuáles son los resultados de la corrección paternal? (Hebreos 12:9-11)
   a. _____
   b. _____

4. ¿Cuáles son algunas maneras en que usted puede restaurar su relación con su hijo después que lo corrija?
   a. _____
   b. _____
   c. _____
   d. _____

5. ¿Cuáles son algunas de las lecciones espirituales que puede compartir con su hijo después que lo corrija?
   a. _____
   b. _____
   c. _____
   d. _____

La Crianza con Propósito
Representando a Dios Padre en la Paternidad
La Corrección Paternal

Corrección Paternal Enseñado por el Rey Salomón a través de Proverbios

La Corrección Bíblica Presenta una Ejemplo Correcto de la Corrección del Señor
Proverbios 3:11-12

No menosprecies, hijo mío,
el castigo de Jehová,
Ni te fatigues de su corrección;
Porque Jehová al que ama castiga,
Como el padre al hijo a quien quiere.

La Corrección Bíblica Prueba el Amor Parental
Proverbios 13:24

El que detiene el castigo, a su hijo aborrece;
Mas el que lo ama, **desde temprano lo corrige.**

La Corrección Bíblica se debe Empezar Temprano
Proverbios 19:18

Castiga a tu hijo **en tanto que hay esperanza;**
Mas no se apresure tu alma para destruirlo.

La Corrección Bíblica Elimina la Necedad
Proverbios 22:15

La necedad está ligada en el corazón del muchacho;
Mas la vara de la corrección **la alejará de él.**

La Crianza con Propósito
Representando a Dios Padre en la Paternidad
La Corrección Paternal

La Corrección Bíblica no Causa Daño sino Produce la Salvación
Proverbios 23:13-14
No rehúses corregir al muchacho;
Porque si lo castigas con vara,
no morirá.
Lo castigarás con vara,
Y librarás su alma del Seol.

La Corrección Bíblica Provee la Sabiduría para el Niño y el Descanso y Gozo para los Padres
Proverbios 29:15, 17
La vara y la corrección dan sabiduría;
Mas el muchacho consentido **avergonzará a su madre.**
Corrige a tu hijo, y te dará descanso,
Y dará alegría a tu alma.

La Crianza con Propósito
Representando a Dios Padre en la Paternidad
La Corrección Paternal

La Confrontación y la Corrección de Desobediencia por el Ejemplo de Dios
Génesis 4:1-15

✓ **Confrontar** la situación con preguntas (6-7)
  ▸ Preguntar sobre la actitud
  ▸ Preguntar sobre el ánimo
  ▸ Preguntar sobre la acción

✓ **Confrontar** con instrucción (7)
  ▸ Instruir sobre la bendición de la obediencia
  ▸ Instruir sobre la destrucción de la desobediencia

✓ **Dar** la oportunidad para obediencia o desobediencia (8)

✓ **Confrontar** (por segunda vez) con preguntas (9a, 10a)
  ▸ Preguntar con la oportunidad para confesión

✓ **Notar** que pero no sea engañado, las excusas y encubrir la desobediencia (9b)

✓ **Confrontar** con una pregunta y revelación de la evidencia de la desobediencia (10b)
  ▸ Revelar que hay evidencia contra las excusas
  ▸ Revelar que sabe la verdad

✓ **Confrontar** con disciplina justa por la desobediencia (11-12)
  ▸ Revelar la disciplina justa con claridad y firmeza

✓ **Notar,** pero que no sea engañado, la queja de la injusticia (13-14)

La Crianza con Propósito
Representando a Dios Padre en la Paternidad
La Corrección Paternal

✓ **Presentar** su cuido personal en la disciplina (15)
   ▸ Dar confianza de las limitaciones de la disciplina
   ▸ Dar confianza de una relación personal en adelante

La Crianza con Propósito
Representando a Dios Padre en la Paternidad
La Corrección Paternal

El Proceso de Ganar la Confianza

Gálatas 6:4-5
*Así que, cada uno someta a prueba su propia obra,
y entonces tendrá motivo de gloriarse
sólo respecto de sí mismo,
y no en otro;
porque cada uno llevará su propia carga.*

	Caín	David
Responsabilidad	Génesis 4:3, 7	I Samuel 17:15-18
Receptividad	Génesis 4:4-5	I Samuel 17:20b
Respuesta	Génesis 4:8a	I Samuel 17:29
Reacción	Génesis 4:8b	I Samuel 17:20-22
Resultado	Génesis 4:9-16	I Samuel 17:23-58

La Crianza con Propósito
Representando a Dios Padre en la Paternidad
La Corrección Paternal

Las Etapas de Obediencia y Honra

Efesios 6:1-2
*Hijos, obedeced en el Señor a vuestros padres,
porque esto es justo.
Honra a tu padre y a tu madre,
que es el primer mandamiento con promesa;*

Colosenses 3:20
*Hijos, obedeced a vuestros padres en todo,
porque esto agrada al Señor.*

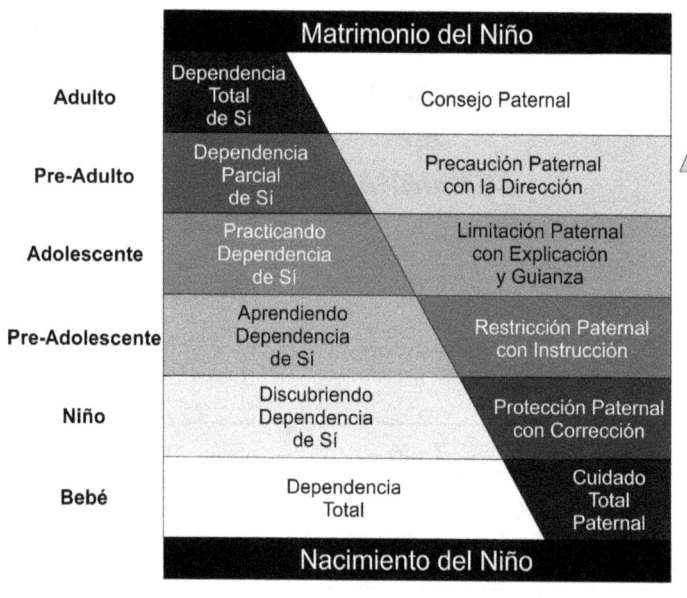

Los Otros Estudios Bíblicos y Libros disponible por Los Ministerios de Andando en la PALABRA
www.walkinginthewordministries.net

**Matrimonio:
Un Pacto Delante de Dios**

Diez estudios y materiales extras
para ayudar a una pareja
tener un matrimonio bíblico.

**Una Guía de Bosquejo para
El Camino del Calvario
de Roy Hession**

Esta guía en forma de bosquejo
fue escrita para mejorar
su capacidad de comprender, recordar,
y aplicar las verdades espirituales
importantes compartidas en
El Camino del Calvario.

**La Armadura de Dios
para las Batallas Diarias**

Un estudio diario
para ayudar a los creyentes
a aprender y aplicar
los recursos espirituales
que Dios el Padre les da
para vivir la vida victoriosa.

Los Componentes Básicos para una Vida Cristiana Estable

Cinco estudios explicando
la importancia de y como organizarse
en la oración,
el estudio bíblico,
las verdades bíblicas,
los versículos de memoria,
y la predicación.

La Búsqueda para la Mano de Dios en Mi Vida

Un estudio de seis temas importantes
para que un creyente pueda ver
el cuidado y la dirección de Dios
en su vida.

El Corazón del Hombre

Un análisis Bíblico
tocante a la salvación,
los primeros pasos de la obediencia,
y la vida nueva.

**¿Qué dice la Biblia sobre:
La Salvación?,
El Bautismo?,
La Membresía de la Iglesia?**

Tres estudios sencillos
para investigar y repasar
la salvación
y los primeros pasos de obediencia
en la vida del creyente.

**¿Quiénes Son Los Bautistas?
Según Sus Distintivos**

Un estudio bíblico
de las ocho creencias básicas
de los Bautistas.

**¿La Voluntad de Dios
es un Rompecabezas para Ti?**

Un estudio y formulario bíblico
para encontrar la voluntad de Dios
para su vida.

www.ingramcontent.com/pod-product-compliance
Lightning Source LLC
Chambersburg PA
CBHW071309060426
42444CB00034B/1745